FRENCH POETRY

OF THE

RENAISSANCE

Edited by

BERNARD WEINBERG

Southern Illinois University Press

Carbondale and Edwardsville

Feffer and Simons, Inc.

London and Amsterdam

ARCT
URUS
BOOKS ®

FIRST PRINTED IN FRANCE, 1954
Reprinted by special arrangement with Bernard Weinberg
All rights reserved
ARCTURUS BOOKS EDITION OCTOBER 1964
SECOND PRINTING MAY 1966
THIRD PRINTING JUNE 1968
FOURTH PRINTING OCTOBER 1970
FIFTH PRINTING AUGUST 1974
This edition printed by offset lithography
in the United States of America
INTERNATIONAL STANDARD BOOK NUMBER 0-8093-0135-0

CONTENTS

Foreword   xiii
Introduction   xv
A Note on Language   xxiii
A Note on Prosody   xxv

Clément Marot

AU ROI: En m'ébattant je fais rondeaux en rime   3
DE SA GRANDE AMIE   4
DE L'AMOUR DU SIÈCLE ANTIQUE   4
DE JEAN SERRE, EXCELLENT JOUEUR DE FARCES   5
A SON AMI LION   7
A SES AMIS   9
AU ROI, POUR AVOIR ÉTÉ DÉROBÉ   10
DE FRÈRE LUBIN   13
AVANT-NAISSANCE DU TROISIÈME ENFANT DE
    MADAME LA DUCHESSE DE FERRARE   14
AU ROI, DU TEMPS DE SON EXIL A FERRARE   17
A MONSEIGNEUR LE DAUPHIN, DU TEMPS DE SON EXIL   22
LE DIEUGARD DE MAROT A LA COUR   25
A UN POÈTE IGNORANT   27

Maurice Scève

DÉLIE

    II: Le Naturant par ses hautes Idées   30
   XVI: Je préférais à tous dieux ma maîtresse   30
  XVII: Plus tôt seront Rhône et Saône déjoints   30
 XVIII: Qui se délecte à bien narrer histoires   31
  XXII: Comme Hécaté tu me feras errer   31
 XXIV: Quand l'œil aux champs est d'éclairs ébloui   32
 XLVII: M'eût-elle dit, au moins pour sa défaite   32
XLVIII: Si onc la mort fut très doucement chère   32
  LIII: L'architecteur de la machine ronde   32
   LVII: Comme celui qui, jouant à la mouche   33
   XCI: Oté du col de la douce plaisance   33
  CXIX: Petit objet émeut grande puissance   34

v

CXXXVI: L'heur de notre heur enflambant le désir 34
CXLIV: En toi je vis, où que tu sois absente 34
CLXVIII: Toutes les fois qu'en mon entendement 35

Louise Labé

SONNETS

II: O beaux yeux bruns, ô regards détournés 38
V: Claire Vénus, qui erres par les cieux 38
VII: On voit mourir toute chose animée 39
VIII: Je vis, je meurs; je me brûle et me noie 39
IX: Tout aussitôt que je commence à prendre 39
XIII: O si j'étais en ce beau sein ravie 40
XIV: Tant que mes yeux pourront larmes épandre 40
XXIII: Las! que me sert que si parfaitement 41
XXIV: Ne reprenez, dames, si j'ai aimé 41

Joachim du Bellay

L'OLIVE

XXXII: Tout ce qu'ici la nature environne 45
CXII: Dedans le clos des occultes Idées 45
CXIII: Si notre vie est moins qu'une journée 46

LES ANTIQUITÉS DE ROME

II: Le Babylonien ses hauts murs vantera 46
III: Nouveau venu, qui cherches Rome en Rome 47
V: Qui voudra voir tout ce qu'ont pu nature 47
VI: Telle que dans son char la Bérécynthienne 47
VII: Sacrés coteaux et vous, saintes ruines 48
XII: Tels que l'on vit jadis les enfants de la Terre 48
XVI: Comme l'on voit de loin sur la mer courroucée 49
XXVIII: Qui a vu quelquefois un grand chêne asséché 49

LES REGRETS

IV: Je ne veux feuilleter les exemplaires grecs 50
IX: France, mère des arts, des armes et des lois 50
XIII: Maintenant je pardonne à la douce fureur 51
XIX: Cependant que tu dis ta Cassandre divine 51
XX: Heureux de qui la mort de sa gloire est suivie 52

XXIX: Je hais plus que la mort un jeune casanier   52
XXXI: Heureux qui, comme Ulysse, a fait un beau
voyage   53
XXXII: «Je me ferai savant en la philosophie»   53
XXXVIII: Ô! qu'heureux est celui qui peut passer son
âge   54
LXVIII: Je hais du Florentin l'usurière avarice   54
LXXXV: Flatter un créditeur pour son terme
allonger   55
CXI: Je n'ai jamais pensé que cette voûte ronde   55
CXXXV: La terre y est fertile, amples les édifices   56
CXLIX: Vous dites, courtisans : «Les poètes sont
fous»   56
CLXXIX: Voyant l'ambition, l'envie et l'avarice   57
CLXXXI: Ronsard, j'ai vu l'orgueil des colosses
antiques   57

LES AMOURS, XX: Je ne souhaite point me pouvoir
transformer   58

DIVERS JEUX RUSTIQUES

III: D'UN VANNEUR DE BLÉ, AUX VENTS   58
XX: CONTRE LES PÉTRARQUISTES   59

LE POÈTE COURTISAN   65

Pierre de Ronsard

ODES, I
XVI: La mercerie que je porte   72
XVII: Mignonne, allons voir si la rose   75

ODES, II
V: La lune est coutumière   76
IX: O Fontaine Bellerie   77
X: Fais refraîchir mon vin de sorte   78
XV: A LA FORÊT DE GASTINE   78
XVII: Pour boire dessus l'herbe tendre   79
XVIII: J'ai l'esprit tout ennuyé   80

AMOURS DE CASSANDRE
XIX: «Avant le temps tes temples fleuriront»   81
XX: Je voudrais bien, richement jaunissant   82
XLI: Quand au matin ma déesse s'habille   82

viii   CONTENTS

LXII: Quand ces beaux yeux jugeront que je meure   83
CCXXII: Que dites-vous, que faites-vous, mignonne?   83

ODES, IV

IV: DE L'ÉLECTION DE SON SÉPULCRE   84
VII: A JOACHIM DU BELLAY   87
X: Quand je suis vingt ou trente mois   88
XIII: Ma douce jouvence est passée   89
XIV: Pourquoi, chétif laboureur   89
XVI: Le petit enfant Amour   90
XX: Brune Vesper, lumière dorée   91
XXII: Bel aubépin fleurissant   92
XXXVIII: Versons ces roses près ce vin   93

ODES, V

XVI: Nous ne tenons en notre main   95

HYMNE DU CIEL   96

ÉPITAPHE DE JEAN DE LA PÉRUSE, ANGOÛMOIS   99

POUR LA FIN D'UNE COMÉDIE   101

AMOURS DE MARIE

XIX: Marie, levez-vous, ma jeune paresseuse!   102

JE VOUS ENVOIE UN BOUQUET   103

CHANSON: Le printemps n'a point tant de fleurs   103

XXXI: S'il y a quelque fille en toute une contrée   104
XXXVIII: Si quelque amoureux passe en Anjou par Bourgueil   104
XL: Quand ravi je me pais de votre belle face   105
XLVIII: Chacun qui voit ma couleur triste et noire   105
CHANSON: Comme la cire peu à peu   106

DISCOURS DES MISÈRES DE CE TEMPS   107

SUR LA MORT DE MARIE

I: Je songeais sous l'obscur de la nuit endormie   113
IV: Comme on voit sur la branche au mois de mai la rose   114

SONNETS POUR HÉLÈNE, I

XI: Le soleil l'autre jour se mit entre nous deux   115
XVI: Te regardant assise auprès de ta cousine   115

XIX: Tant de fois s'appointer, tant de fois se
     fâcher   116
XXVI: Je fuis les pas frayés du méchant populaire   116
XXXIII: Nous promenant tous seuls vous me dîtes,
        maîtresse   117
XXXVI: Vous me dîtes, maîtresse, étant à la fenêtre 117
MADRIGAL: Si c'est aimer, madame, et de jour et
          de nuit   118

SONNETS POUR HÉLÈNE, II

II: Afin qu'à tout jamais de siècle en siècle vive 118
III: Amour, qui as ton règne en ce monde si
     ample   119
IV: Tandis que vous dansez et ballez à votre
    aise   119
VIII: Je plante en ta faveur cet arbre de Cybèle   120
XV: Je ne veux comparer tes beautés à la lune   120
XXXI: Ma dame but à moi, puis me baillant sa
      tasse   121
XLIII: Quand vous serez bien vieille, au soir à la
       chandelle   121
LXV: Je ne serais marri si tu comptais ma peine   122
ÉLÉGIE: Six ans étaient coulés, et la septième année 122

ÉLÉGIES

XXIV: Quiconque aura premier la main embeso-
      gnée   124
XXV: ÉLÉGIE EN FORME D'INVECTIVE   127

DERNIERS VERS

VI: Il faut laisser maisons et vergers et jardins   130

A SON ÂME   131

Jean-Antoine de Baïf

AMOURS DE MÉLINE, I: O que ne puis-je aussi bien
te déduire   134

AMOUR DE FRANCINE, I

I: Ni la mer tant de flots à son bord ne conduit   134
II: Si votre intention, Madame, est de me
    faire   135
III: Si ce n'est pas amour, que sent donques
     mon cœur?   135

IV: Que le siècle revînt de celle gent dorée   136
V: De ce petit tableau, en qui vit ma peinture   136
VI: Tant que le clair soleil dessus la terre éclaire   137
VII: Si j'avais le pouvoir, comme j'ai le courage   137

AMOUR DE FRANCINE, II

I: Comme le papillon, par une clarté belle   138
II: Ainsi donc va le monde, ô étoiles cruelles!   138

AMOUR DE FRANCINE, III: Hélas! si tu me vois constant en inconstance   139

DIVERSES AMOURS, I: Hier cueillant cette rose en automne fleurie   139

Remy Belleau

PETITES INVENTIONS

ODE SUR LES RECHERCHES DE E. PASQUIER   142
I: Ce jourd'hui que chacun prodigue sa largesse   144
II: Qui ne dirait, ô Dieu! voyant la pauvre France   144

LA BERGERIE, I

AVRIL   145
Et bref c'est une chose étrange   147

LA BERGERIE, II

PRIÈRE IX   148

Pontus de Tyard

ERREURS AMOUREUSES, I

XI: Tu es, cruelle, à mon heur trop contraire   151

DISGRÂCE   151

ÉPIGRAMME: Lors fut Nature et dextre et disposée   152
XLII: Au manîment de ses deux mains marbrines   152

ERREURS AMOUREUSES, III

IV: Père divin, sapience éternelle   153
XXVIII: Tu sais disertement tirer d'obscurité   153

SONNETS D'AMOUR

VII: Sommeil, fils de la nuit, faveur chère à nos yeux   154

RIME TIERCE   155

Philippe Desportes

DIANE, II

PRIÈRE AU SOMMEIL   159
XVII: Si vous voulez que ma douleur finisse   161
XXXIII: Jamais fidèle amant n'eut plus douces
pensées   161
XLIV: Cent et cent fois le jour je fais nouveaux
discours   162

LES AMOURS D'HIPPOLYTE: CHANSON   162

DIVERSES AMOURS: CHANSON   164

BERGERIES

CHANSON: O bienheureux qui peut passer sa vie   165
VILLANELLE: Rosette, pour un peu d'absence   167

Guillaume du Bartas

LA MUSE CHRÉTIENNE

LA JUDITH, I, vss. 353-406   171
L'URANIE, vss. 1a-68a, 21-120   172

LA CRÉATION DU MONDE

LA PREMIÈRE SEMAINE: LE SIXIÈME JOUR, vss. 427-508   178

Agrippa d'Aubigné

LES TRAGIQUES

MISÈRES, vss. 253-460   183
PRINCES, vss. 599-712, 1107-1240   188

Jean de la Ceppède

THÉORÈMES: PREMIÈRE PARTIE

I, VIII: Mais qui vous meut, Seigneur, de sortir
à cette heure?   198
I, XXXVI: Un ange avait prédit le temps de sa venue   198
II, LIV: Blanc est le vêtement du grand Père
sans âge   199
II, LXX: Voici l'Homme. O mes yeux, quel
objet déplorable!   200
III, LXXXV: Dès que cette oraison fut par lui pro-
noncée   200

THÉORÈMES: DEUXIÈME PARTIE

I, I: J'ai chanté le combat, la mort, la sépulture   201

I, V: Les escadrons ailés du céleste pourpris   202

III: VŒU POUR LA FIN DE CE LIVRE   202

Jean de Sponde

SONNETS D'AMOUR

VI: Mon Dieu, que je voudrais que ma main fût oisive   205

X: Je ne bouge non plus qu'un écueil dedans l'onde   205

XII: Mon cœur, ne te rends point à ces ennuis d'absence   206

XIV: Quand le vaillant Hector, le grand rempart de Troie   206

XVII: Je sens dedans mon âme une guerre civile   207

XX: Les Toscans bataillaient, donnant droit dedans Rome   207

CHANSON: Comment pensez-vous que je vive   207

CHANSON: Un bien qu'on désire tant   209

STANCES: N'est-ce donc pas assez que je sois tout en flamme   211

SONNETS DE LA MORT

II: Mais si faut-il mourir! et la vie orgueilleuse   212

IV: Pour qui tant de travaux? pour vous, de qui l'haleine   212

V: Hélas! comptez vos jours! Les jours qui sont passés   213

VI: Tout le monde se plaint de la cruelle envie   213

IX: Qui sont, qui sont ceux-là dont le cœur idolâtre   214

X: Mais si mon faible corps (qui comme l'eau s'écoule)   214

XII: Tout s'enfle contre moi, tout m'assaut, tout me tente   215

Mathurin Régnier

SATIRE IX: A MONSIEUR RAPIN   217

Glossary   225

FOREWORD

The term "French Renaissance" in the title of this anthology is used in its broadest sense, as roughly equivalent to the sixteenth century. It seemed preferable to include representative poems from poets of all groups and all periods, rather than to limit the scope to the work of any particular group. Thus Marot, Scève, and Louise Labé are included as precursors of the Pléiade; Du Bellay, Ronsard, Baïf, Belleau, and Tyard as members of the Pléiade group; Desportes as a kind of latter-day disciple of the same group; La Ceppède, Sponde, Du Bartas, and D'Aubigné as the poets of the later years of the century whose inspiration was predominantly religious; and Régnier as the last voice of the poetic ideals of the Renaissance before these gave way to the classicism of Malherbe.

For each poet, two considerations directed the choice of the poems included: the desire to give the best poems he wrote and the intention to give poems representing each of his major tendencies. At both points, the preferences and the critical prejudices of the editor have necessarily entered, and it is quite possible that others will disagree with his choice. This is inevitable in any anthology. Since the size of the volume is limited, and since it was thought desirable to print complete poems in so far as possible, the shorter lyric forms will be found to predominate. All poems are given complete except for the selections from D'Aubigné and Du Bartas. For practical purposes of teaching, the selections from even the minor poets have been made long enough to provide materials for at least one or two hours of class discussion.

The spelling of all texts has been modernized. In only three types of situation have original spellings been retained: (1) when required by the rime; (2) when required by the rhythm; (3) when an alteration of spelling would have brought with it a change from the pronunciation of the original, and hence a disturbance of the harmonic balance of the line. The third type of situation presented many cases where problems of decision were extremely delicate, given our imperfect knowledge of sixteenth-century pronunciation. The whole process of modernization makes certain assumptions about pronunciation which may be unjustifiable; this is an inevitable risk, worth running for the advantages offered to the student by a text that looks as nearly as possible like modern French.

In order to present as uncluttered a text as possible, all matters of vocabulary have been treated in the glossary rather than in the footnotes. The glossary contains all words not to be found in Mansion's *Shorter French and English Dictionary* in the same or in a related meaning. It is hence fairly extensive. Notes have been provided sparingly and only where needed to clarify allusions or to solve difficult problems of reading; they do not indicate sources or biographical backgrounds. Likewise, the biographical notes on the various poets are as brief as possible. The whole purpose has been to keep critical apparatus to a minimum in order to be able to provide a maximum number of texts, the assumption being that at the undergraduate or even at the graduate level of instruction the text is the thing.

Since certain significant differences in grammar and syntax between the language of the sixteenth century and modern French are sufficiently recurrent in the texts to give the student some difficulty, a brief note on language has been included after the Introduction. This is not meant to be a treatise on sixteenth-century French, but merely to provide some aid to the student towards the solution of linguistic problems presented by these specific texts.

The editors of this series of *French Masterworks* have been most helpful both in suggestions for the establishment of the table of contents and in indications for the solution of editorial problems, and it is a pleasure for me to give them my thanks at this point.

B. W.

INTRODUCTION

France is commonly regarded as having had two great periods of lyric poetry, the nineteenth century and the Renaissance. These were great periods not only because of the quantity and the diversity of the lyric poems written, but above all because of the intrinsic merits of these poems. They were great, that is, not because of their historical interest but because of their artistic excellence. Of these two eras of lyrical achievement, that of the nineteenth century has perhaps been the more accessible to English and American readers, partly because of the closeness to us in time, partly because of the greater resemblance to the English tradition of lyric poetry with which we are familiar. But neither distance in time nor lesser familiarity in poetic pattern need prevent our arriving at a deep and rewarding appreciation of French Renaissance poetry. In fact, the mounting enthusiasm in our own century for English Renaissance poetry might well indicate the possibility of discovering the same kind of artistic pleasure in French poetry of roughly the same time and of surprisingly similar tendencies.

For the Frenchman of 1525, and then of 1550, and then of 1575, the successive waves and fashions of nondramatic poetry must have had a newness, a freshness—an excitement—comparable to that which the Englishman found in Wyatt and Surrey, then in Spenser, then in the later Shakespeare and Donne. The dry stuff of prosodic virtuosity was suddenly replaced by poems which made him laugh or weep, which cast ridicule upon the eternal butts of human satire, which stirred in him the whole gamut of emotions. Above all, this new poetry had a singing quality, whether unaccompanied or whether set to music for the lute or the guitar; its harmony and rhythm enhanced the emotional effect. It must have seemed, to this Frenchman of the sixteenth century, to have much in common with the songs which "nobody" had written, with the traditional popular ballads and dance forms; yet it had the added charm of being refined, polished, even erudite. In all these ways it represented a violent departure from the immediately antecedent tradition. For France had just gone through a generation of *grands rhétoriqueurs*, men for whom poetry was largely riming and for whom greater achievement in poetry meant more complicated riming. A poem which rimed cleverly at the end of the lines was good; one which rimed in the middle of the lines as well was better; one which also rimed at the beginning was best. There was, in reality, little poetic content here, and the main effect upon a reader was admiration for the diabolical skill with which the writer had found the right words to fit into an impossibly difficult pattern.

The new poetry sought different ends. It moved away from prosodic complexity towards prosodic simplicity. For it insisted upon subordinating riming to poetry, and upon making superficial prosodic form auxiliary to the intrinsic poetic form. That is, it was all right to use a complex verse form such as the sonnet; but the sonnet must contain the kind of material capable of producing the desired emotional effect, arranged internally in the kind of proportion (following the eternal rules of art) which would assure the production of that effect, expressed in words intimately appropriate to the material and to the effect. The rime scheme and the rimes and the musical qualities of the words merely added to the total impression. It would perhaps not be an exaggeration to say that the new poetry was a rediscovery of poetry. As for the artistic matter poured into the prosodic moulds, it might be just as simple or as complex as the poet needed it to be in order to produce the artistic effect desired. Perfection could be achieved in a song as simple as one a child might sing, or in a hymn incorporating the thoughts of the great philosophers on the nature of God, or in an ode representing the soul-searchings of a disappointed lover. For different ends, different means—except that the one universal end was the achievement of artistic excellence.

Where, one will ask, did French Renaissance poets find this new-old conception of poetry which enabled them to rediscover the art? It is a commonplace to say that they found it in Petrarch and his imitators on the one hand and in the poets of classical antiquity on the other. But this is a meaningless commonplace unless properly modified. To say that they imitated the form of the sonnet as they found it in Petrarch, of the ode as they found it in

Anacreon or Pindar, is to say nothing; for this is once
again merely the prosodic mould. Some of the imitations
of Petrarch's sonnets were themselves magnificent sonnets,
others were dismally poor. Yet the same form was imi-
tated, and the difference remains unexplained. To say
that they used the ancients and Petrarch as models is to
make somewhat better sense, if we mean by "using as
models" the penetration into the inner workings of the
other man's poem and the attempt to construct similar
inner workings in their own poems. The process may have
operated somewhat in this fashion: a poet (say Du Bellay),
thrilled by the beauty of one of Petrarch's sonnets, sits
down to "imitate" it. There are many possibilities. He
may first try merely a copying of the superficial elements
(general subject matter, prosodic form), and what he
gets may be very bad—a mere exercise in the mechanics
of the Petrarchan sonnet. Or he may try an exact or literal
translation, and what he gets may be good or bad depend-
ing upon the words he has found; but even if good, it
will still be a translation, not a new poem. Or, as he studies
it farther, he may make certain discoveries: "The beauty
of this sonnet depends upon a number of internal rela-
tionships, the secret of which I am only now beginning
to perceive. Petrarch sets up such-and-such elements—
words, concepts, feelings—at the beginning of the poem,
in such-and-such a relationship. He develops each of
these elements in accordance with the qualities originally
given it, and in a constant or in a changing relationship
with the others; if changing, it is in accordance with
possibilities of change previously indicated. He comes to
a termination in which all the possibilities originally
stated are realized, and in which such-and-such a new
and ultimate relationship is established. Now, if I take
the same or similar elements, in the same initial relation-
ships, and cause them to follow a similar evolution
through the poem, and bring them to a similar final
juxtaposition, I might produce a poem which would be
'like' Petrarch's." And indeed, since he is Du Bellay, he
might. His success will depend upon the extent to which
he is able to create a form having the artistic excellences
of the original. If he goes still farther, using different
elements but in a similar structural pattern, he will still be
"imitating" and "creating" at the same time. And if he

adds to this sonnet another, and to Petrarch Horace, and to Horace others still, he will have formed for himself an art which has its roots in classical antiquity and in Italy, but which is his own and which has its own excellence. Its excellence will depend, in the last analysis, on his poetic genius—and I shall make no attempt to explain here how *that* works.

I have of course compressed and intellectualized a procedure which, in reality, may have taken months or years to develop, and which may never have got beyond an instinctive awareness of what the other man was doing and an instinctive imitation of his technique. In any event, the poets of the French Renaissance, studying the wonders of the newly discovered Ovid, and Horace, and Homer, and Pindar, and Catullus, and Anacreon, and all the rest, found out in their poems what real poetry—what poetry—was like, and set about to try to write the same kind of poetry. In so far as they were real poets—as they had that ineffable "genius" of which I have spoken—they succeeded, and the great lyrics of the French Renaissance were produced. In so far as they were not poets, or as their efforts missed fire, they failed, producing only academic exercises in imitation. The poor poets produced only exercises, the good poets sometimes succeeded in writing good poems. It was France's rare fortune in the sixteenth century to have given birth to several fine poets.

In all this process of rediscovery, literary theory had very little to do with the development of the new poetry. The theoretical texts of classical antiquity were scarcely known to the poets of the sixteenth century, and when they were known they were badly misinterpreted. The only long poem based upon a body of theoretical thought, Ronsard's *Franciade*, was a failure. As for French theorists, they were concerned either with matters of language (as Du Bellay in the *Défense*), or with broad matters such as the relationship of art to nature (as Peletier du Mans), or with questions of the life and habits and character of the poet (as Delaudun and Vauquelin); they gave little to the poet in the way of hints for the penetration into the mysterious and secret workings of good poems. This penetration had to be the private achievement of the poet himself, and in this sense his study of—or living with—the models of Italy and classical antiquity assumes an unchallenged importance. At best, the theorists impressed upon him the necessity of hard work, of craftsmanship, and of the unremitting search for excellence.

There is another sense in which this contact with other cultures enriched the poetic production of the Renaissance. Besides the providing of external forms and of models for internal structure, the "other man's" poems furnished indications of subject matters which might be used and of emotional effects which could be achieved. This led to a marked diversification of the themes exploited by poets of the new school and to a variety of product much greater than that of their French predecessors. The main theme was love, in all its aspects: hopefulness and gratification, hopelessness and despair, accusation and entreaty, disappointment and exultation. Besides, the poet learned that it was possible to sing of the exile's nostalgia for home and hearth, of the joys to be found in wine and good company, of the peacefulness associated with a pastoral existence, of the delight in the beauties of nature, of the thrill accompanying the discovery of great ideas, of religious fervor, of one's personal affairs and private ambitions, of those men or those things in society which merited ridicule and the tongue's whip. In brief, the new poet realized that anything which was a part of his own life or of the lives of other men was a proper subject for poetry, which thus again found its proper source in the movements of the poet's soul.

This discovery, which might have led to too private and too personal an expression of the individual poet's experience, was tempered by another whose tendency was to generalize and universalize that experience. This was the realization that there were devices for bringing that experience into relationship with the experience of other men in other times and places. Of these devices, the most important for the period were probably Platonism, Petrarchism, and the use of classical mythology.

From Plato, whom they knew either directly or indirectly, the poets borrowed essentially the following notions: the world of reality which we see about us is in fact not the real world at all, but is merely a faint and imperfect shadow of a higher reality. That higher reality exists in the mind of God. Every object in nature is an imperfect manifestation or imitation of the ideal and perfect concept of that object as it exists, out of time and out of space, in the infinite and all-encompassing mind of the deity. The thing in nature is a material realization of the nonmaterial Idea. The same is true of human beings. The beauty of a particular woman is a partial copy of the Idea of feminine beauty, and more remotely still of the Idea of beauty itself. The soul of a man, divine and immortal, is temporarily housed in his body; but before its incarnation it, too, existed in the mind of God, where it was completed and made perfect by being joined to the complementary essence of a feminine soul. Now, in its earthly state, it remembers that earlier state of perfection, it remembers the Idea of beauty, it yearns to be reunited with the soul of a woman, it longs to look once again upon the image of perfect beauty. So it is that when a man loves a woman his physical passion is merely the most elementary expression of a desire which is the highest and most noble action of which he is capable, the perfecting of his soul through its joining with the soul of woman, the contemplation of divine Beauty, and ultimately the contemplation of God himself. It will readily be seen how this conception gave to love poems a broader context and a broader application; the poet's love was no longer his own private passion, it became a symbol of the striving of all men for that which is noblest in their nature.

From Petrarch, they derived a way of talking about love which fitted admirably into this Platonic framework. At the same time, since Petrarch had learned much from the Provençal tradition of the troubadours and from the French tradition of courtly love, his influence in a sense returned them to indigenous sources. For Petrarch, the woman whom man loved was essentially unattainable, in body as in spirit. Yet he could not cease loving her because his love was divinely inspired and because it was an ennobling influence, bringing him closer to an understanding first of the nature of beauty and finally of the nature of God. If he was a poet, he must continue indefinitely to sing of his undying love, of his lady's cruelty, of those fleeting moments of her kindness, of every shade and nuance of his tortured feelings, of every bodily and spiritual grace resident in his beloved. Such poetic expression of his passion was good in itself, since it made the beauty of his love and the beauty of his lady live forever in beautiful forms. Once again, Petrarchism served to give to the poet's love a more universalized expression, and although some poets at times rebelled against its formulas and its affectations, against its unrelieved high-mindedness and monotony of frustration, it continued to be useful to others throughout much of the sixteenth century.

The third device for generalizing the poet's experience was the use of classical mythology and reference. It must be admitted that frequently this use merely provided a means for the poet to display his erudition or to hide his lack of ideas. This use produced only frigid and sterile lines or poems, and examples of such failure are found even in the best poets. But when properly integrated into the structure of the poem, when adapted to its material in a way to help produce its desired effect, classical myths could and did add, as it were, another dimension to the poem. If the reader knew the *Odyssey* and the multiple interpretations put upon it—and most readers would have—then a poet who likened his wish to return home from exile to Ulysses' final return after endless wanderings brought into the context of his own poem all of those wanderings and the joy of that final return. The passing allusion to Ulysses enriched the poem with all of the reader's memories of the appropriate episodes in Ulysses' life and the emotions properly associated with them. The effect produced by the poem became deeper, broader, less private and more general. This is, to be sure, akin to the technique employed by such contemporary poets as T. S. Eliot, with the difference that in Eliot the allusions are usually more hidden and recondite, require a greater effort of identification and recovery. For the reader of the Renaissance, the allusions to classical mythology were transparent; he identified them immediately, understood them easily, brought from them to the poem a whole world of memory and implication. For the reader of our time, unfortunately, the world of myth has lost much of its meaning and all of its vividness, and he must make some effort of reconstruction to appreciate the full importance of these allusions for the appreciation of the poems.

This is only one of the problems facing the modern English or American reader of these poems. The greatest problem, which is indeed the main problem in all reading, is what to look for if we would achieve the kind of artistic pleasure which the poems are capable of giving us. We should begin by admitting to ourselves that, for this business of the aesthetic delight to be derived from these poems, matters of historical interest are of secondary importance. Questions of sources and influences, of biographical details and social backgrounds, of comparison with antecedent and subsequent traditions— valuable as they are if we are studying the history of ideas, or the growth of literary genres, or the relations of literature to society, or the biographies of great men—will add little to our ability to evaluate the poems as works of art and to enjoy their artistic beauty. We would do better, perhaps, to read them as our hypothetical Du Bellay must have read them, except that we would ordinarily not intend to add a stage of creative imitation to the stage of appreciation. With him, we might well ask such questions as these: What effect, precisely, is the poet trying to achieve in this poem? Does he or does he not achieve it? How does he bring about the achievement, through the selection of what materials, through what kind of a juxtaposition of elements at the beginning, what kind of development of elements through the middle, what kind of final stability of elements? How fully, how richly, how completely does he realize the possibilities of development inherent in the materials and the form selected? How successfully does he manage to include all the needed elements, exclude all unnecessary ones? To what extent does the whole poem have about it a sense of the "rightness" of everything in it, of the "inevitability" of every word, of perfect order and perfect place for every component part?

These are, of course, extremely difficult questions to ask intelligently about any given poem, and they are even more difficult to answer. But the game is worth the candle. If we approach these poems in a receptive mood, with a willingness to allow them to affect our sensibilities; if we ask the right questions with determination and keep on asking them even if they fail immediately to produce satisfactory answers; we may arrive ultimately at recapturing in the poems some of the wonder, some of the freshness, some of the aesthetic delight which the man of the French Renaissance found in the new poetry of his time.

A NOTE ON LANGUAGE

Sixteenth-century French differs in some important ways from modern French. The principal differences are sketched briefly below, to assist the student in his reading and to obviate the necessity of linguistic notes.

General remarks. The student will sense in French of the sixteenth century a greater freedom of construction and form than is present in French of later periods. The language has not yet become solidified and reduced to rule. This means, specifically, that word order is more a matter of the writer's discretion, that agreements of various kinds of words are less obligatory—or work in a different way, that grammatical or syntactical functions are less carefully assigned to given words.

Vocabulary. Words frequently have different meanings from their modern equivalents; many of them no longer exist in the language. The American or English reader will often note that French words of the period have a meaning very close to that of their modern English derivatives; also, that they are closer to the meaning of their Latin stems than would be the modern French words. Sometimes the stem of the word will be the same as in modern French; but different suffixes, prefixes, or endings will add to the diversity of meanings associated with the stem.

Word order. Descriptive adjectives often precede their nouns. Indirect and direct object pronouns may follow an order opposite to that now required; their position before of after verbs or combinations of verbs is more fluid. Subject and verb need not have their present positions. In the verse texts here included, this freedom of position is accentuated by the necessities of prosody, and the reader may frequently have to pause to figure out the meaning of certain phrases.

Nouns. Gender may be different from modern usage or may be uncertain. Examples: *l'amour vaine et folle, un œuvre, bon affaire, cet ardeur, ombres myrteux, la poison amoureuse, la seule modèle, la masque.*

Adjectives. The single form *grand* is both masculine and feminine. Superlatives may be formed without *le*: "l'âme plus fâchée" (Tyard, *Rime tierce*), "vos sonnets plus douloureux" (Ronsard, *Hélène I*, xxxiii). The adjective may be used as a substitute for the adverb: "furieux je vous aime" (Ronsard, *Hélène I*, "Madrigal"), "si premier ne l'essaie" (Marot, *Dérobé*).

Pronouns. Personal subject pronouns may be omitted, especially when a reflexive pronoun is present: "Vous trompez de penser" (Ronsard, *Hélène I*, xxxvi). The demonstrative *ce* has the meanings of modern "ceci, cela" and may be used in a strong position after a preposition as in *pour ce*.

Verbs. Forms and constructions of verbs probably offer the greatest difficulty to the modern reader. The progressive present and the progressive past are much used by early writers such as Marot. Examples of the present: *n'en vas usant* (for "n'en uses"), *va commencer* (for "commence"), *soit écrivant* (for "écrive"); of the past: *vint blessant* (for "blessa"), *allait suivant* (for "suivait"). Many verbs now requiring a preposition are constructed without preposition in the sixteenth century: "ressembler un jardin" (Du Bellay, *Pétrarquistes*), "s'efforce secourir" (Ronsard, *Odes I*, xvi). At times, however, the tables are turned: "son esprit rejoindre s'est allé *Au* grand esprit" (Du Bellay, *Antiquités*, v), "Qui brave *de* la mort" (Sponde, *Mort*, ii). Verbs now intransitive may be constructed transitively: "je rebelle mon cœur" (Desportes, *Diane II*, xlv). The present participle, in places where it is now invariable, frequently agrees as if it were an adjective. (I have dropped the final *s* in most cases; I have retained it when its loss would have changed the sound, as in "parlants à l'île" [Ronsard, *Odes IV*, iv], "soufflants horriblement" [Desportes, *Chanson*]. Obviously, no change could be made in such a feminine plural as "Foulantes l'herbe" [Ronsard, *Odes IV*, iv].)

Since the student might not be able to identify certain verb forms, I give here a digest of the unfamiliar forms which most frequently occur in these poems:

aller   pr. indic. *je vay;* pr. subj. *je voise.*
assaillir   pr. indic. *il assaut.*

boire pr. part. *boivant;* imper. *boivons.*
choir past part. *chutes;* pr. indic. *chet;* fut. *cherront;* cond. *cherrait.*
dire pr. indic. *je dy;* pr. subj. *die.*
donner pr. subj. *il doint.*
douloir pr. indic. *je me deuls.*
envoyer fut. *envoira.*
faillir pr. indic. *je faux;* fut. *faudront* (also *défaudra*).
garder pr. subj. *gard.*
laisser fut. *lairrai;* cond. *lairrait.*
ouïr pr. part. *oyant;* past part. *ouï;* pr. indic. *oy, oit;* fut. *orrai, orra;* imper. *oyez.*
peser pr. part. *poisant;* pr. indic. *poise.*
prendre past part. *prins;* imp. subj. *prinsses, print* (also *apprinsse*).
revoir fut. *revoirai.*
supplier pr. indic. *je supply.*
trouver pr. indic. *je treuve* (cf. *appreuve*).
voir fut. *voiras, voira.*

Negatives. One element of the negative, either the *ne* or the complementary *pas*, may be omitted.

Relatives. The simple *que* and *qui* forms occupy the functions now given to compound relative forms; *qui* may thus stand for *ce qui* and *qu'est-ce qui, que* for *ce que, jusqu'à ce que,* etc. *Qui* may also stand for *lequel* after a preposition.

A NOTE ON PROSODY

French versification of the sixteenth century follows essentially the same system as that now in use. The two verses most frequently used are the ten-syllable line, with a cesura after the fourth stressed syllable, and the Alexandrine, with the usual cesura after the sixth stressed syllable. Two problems may arise for the reader, that of syllable count and that of rimes. With respect to syllable count, two rules of thumb may help: the so-called mute *e* within words or at the end of words is more frequently counted as a syllable than at present, and diphthongs may more often be counted as several syllables. Examples: vi/e, voi/ent, sci/en/ce, é/blou/i, o/pi/ni/on, fu/ir. Once the reader has discovered the line length and the number of syllables per hemistich, he can readily find what syllabic value to assign to any given vowel.

Riming is generally much freer than in the modern tradition. Some final consonants normally silent will be pronounced for the rime. Vowels not now associated in rime will frequently be found together. Some consonantal disparities are permitted. In all these cases, the student will have to make departures from his habitual pronunciation in order to produce the identity of sound required by rime. As examples of the kinds of rime permitted, I give here a list of some of the cases:Roi François:pensois, voudrois:bois, sois:François (all probably riming to a [wɛ] sound); adextre:estre; tempeste:reste; treuve: épreuve; seur (= sûr):douceur, meurs:meurs (= mûrs), seur (= sûr):malheur; veu (= vu):peu; cuve:fleuve; conseil:orgueil; divine:bénigne, divine:signe; amer:aimer, arriver:hiver. It is difficult to say, in many of these cases, exactly how the riming words were pronounced; it is even possible that occasionally the rime existed only for the eye.

CLÉMENT MAROT

The life of Clément Marot, court poet to Francis I, shows the varied and exciting career of a man who, when he was in favor, traveled far and wide in his master's suite and who, when he was in disfavor because of his Protestant leanings, sought far and wide for refuge, protection, and forgiveness. His poems are divided in the same way between the "official" poems, written to celebrate the joys or bemoan the sorrows of the royal family, and the "personal" poems, written to gain some gift or some pardon from a fickle and vacillating master. Born in Cahors in the province of Quercy in 1496, Clément Marot was "given" as a page, in 1518 or 1519, by Francis I to his sister Marguerite, then Duchess of Alençon and Berry, later to become Queen of Navarre, always a protector of intellectuals who went astray into the new Protestantism. In February, 1526, Marot had his first taste of prison. He was denounced by a woman whom he had offended, who accused him of having publicly broken the Lenten fast; he was thrown into the Châtelet, later removed to Chartres, finally freed by Francis. The episode was commemorated in his satirical *Enfer*. Later in the same year he inherited the title and functions of "valet de chambre du roi" from his father, Jean Marot, a *rhétoriqueur* poet who had given Clément his first lessons in versification. Sometime before 1529 he was married. His first volume of published poems, *L'Adolescence Clémentine*, appeared in 1532, and in 1533 he published a modernized edition of François Villon's poetry. During these last years hostility between Catholics and Protestants had been growing in France, and a crisis was reached with the Affaire des Placards in 1534. Marot, always under suspicion, felt it wise to flee. He spent part of 1535 and 1536 at the court of Renée de France at Ferrara, later continued his exile at Venice, finally returned to Paris early in 1537. In that year he engaged in a literary quarrel with François Sagon who, in the exchange of satires

and epigrams, was badly bested by Marot's superior wit.
Once more, in 1541, suspicion fell upon Marot because of the
publication of his translations of thirty Psalms and of other
works; once more he fled, this time to Geneva where Calvin
protected him for a time. In 1543 he went to reside at Cham-
béry, and from there journeyed to Turin, where he died
about September 10, 1544.

Marot stands, as a poet, between the rimesters of the preced-
ing generation and the great lyricists of the second half of
the century. As a versifier he is facile, clever, unaffected—except
where affectation serves the purposes of his wit. He has a genius
for sharp satire, for finding what is amusing in even the most
unhappy circumstances, for giving the humorous twist to an
anecdote or an argument. He presents characters through a
few quick indications, tells stories in a rapid-fire fashion that
is always entertaining. He does not disdain the pun, the
innuendo, the playing on names and words. Although many
of the occasions for his poems are serious ones, the poems
themselves are never without a graceful wit. In one of his
epistles he characterized himself as:

> Le pauvre esprit qui lamente et soupire,
> Et en pleurant tâche à vous faire rire.

READINGS

Henry Guy, *Histoire de la Poésie française au XVIe siècle :* Vol. II,
　"Clément Marot et son école," Paris, Champion, 1926.

Charles E. Kinch, *La Poésie satirique de Clément Marot,* Paris,
　Boivin, 1940.

Jean Plattard, *Marot, sa carrière poétique, son œuvre,* Paris,
　Boivin, 1938.

Joseph Vianey, *Les Épîtres de Marot,* Paris, Malfère, 1935.

AU ROI[1]

En m'ébattant je fais rondeaux en rime,
Et en rimant bien souvent je m'enrime.
Bref, c'est pitié d'entre vous, rimailleurs,
Car vous trouvez assez de rime ailleurs,
Et quand vous plaît, mieux que moi rimassez.   5
Des biens avez et de la rime assez;
Mais moi, atout ma rime et ma rimaille,
Je ne soutiens (dont je suis marri) maille.
    Or ce me dit (un jour) quelque rimart:
«Viens çà, Marot; trouves-tu en rime art   10
Qui serve aux gens, toi qui as rimassé?
—Oui, vraiement (réponds-je), Henry Macé;[2]
Car vois-tu bien la personne rimante
Qui au jardin de son sens la rime ente,
Si elle n'a des biens en rimoyant,   15
Elle prendra plaisir en rime oyant;
Et m'est avis que, si je ne rimois,
Mon pauvre corps ne serait nourri mois
Ne demi jour: car la moindre rimette,
C'est le plaisir où faut que mon ris mette.»   20
    Si vous supply qu'à ce jeune rimeur
Fassiez avoir un jour par sa rime heur,
Afin qu'on die, en prose ou en rimant:
«Ce rimailleur qui s'allait enrimant,
Tant rimassa, rima et rimonna,   25
Qu'il a connu quel bien par rime on a.»

NOTE: Basic text for Marot, ed. Georges Guiffrey, *Œuvres*, Paris,
1876, 5 volumes. Dates are approximate dates of composition.
    [1] *Au Roi* (1517-18); Guif. III, 21. According to H. Guy, II, 120,
the poem was an appeal to Francis I for a pension.
    [2] The name is apparently invented for the rime.

CLÉMENT MAROT

DE SA GRANDE AMIE[1]

Dedans Paris, ville jolie,
Un jour, passant mélancolie,
Je prins alliance nouvelle
A la plus gaie damoiselle
Qui soit d'ici en Italie.   5

D'honnêteté elle est saisie,
Et crois, selon ma fantaisie,
Qu'il n'en est guère de plus belle
        Dedans Paris.

Je ne la vous nommerai mie,   10
Sinon que c'est ma grand amie;
Car l'alliance se fit telle[2]
Par un doux baiser que j'eus d'elle,
Sans penser aucune infamie
        Dedans Paris.   15

[1] *De sa grande amie* (ca. 1525); Guif. V, 147. H. Guy, II, 180-181,
thinks that the poem may have been inspired by Anne d'Alençon, a
Platonic friend of Marot's for many years.
[2] I.e., on the condition that he would not reveal her identity.

DE L'AMOUR
DU SIÈCLE ANTIQUE[1]

Au bon vieux temps un train d'amour régnoit[2]
Qui sans grand art et dons se démenoit;
Si qu'un bouquet donné d'amour profonde,
C'était donné toute la terre ronde,
Car seulement au cœur on se prenoit.   2

Et si, par cas, à jouir on venoit,
Savez-vous bien comme on s'entretenoit?
Vingt ans, trente ans; cela durait un monde
        Au bon vieux temps.

Or est perdu ce qu'amour ordonnoit.
Rien que pleurs feints, rien que changes on n'oit.
Qui voudra donc qu'à aimer je me fonde,
Il faut, premier, que l'amour on refonde
Et qu'on la mène ainsi qu'on la menoit   5
    Au bon vieux temps.

¹ *De l'amour du siècle antique* (1525); Guif. V, 161.
  ² The *-oit* endings are retained throughout for the rime with "oit"
in line 2, page 5.

ÉPITAPHE IX¹

DE JEAN SERRE, EXCELLENT JOUEUR DE FARCES

    Ci-dessous gît et loge en serre²
Ce très gentil fallot Jean Serre
Qui tout plaisir allait suivant,   10
Et grand joueur en son vivant,
Non pas joueur de dés ne quilles
Mais de belles farces gentilles;
Auquel jeu jamais ne perdit,
Mais y gagna bruit et crédit,
Amour et populaire estime   15
Plus que d'écus, comme j'estime.
Il fut en son jeu si adextre
Qu'à le voir on le pensait estre
Ivrogne, quand il s'y prenait,
Ou badin s'il l'entreprenait;   20
Et n'eût su faire, en sa puissance,
Le sage, car à sa naissance

Nature ne lui fit la trogne
Que d'un badin ou d'un ivrogne.
Toutefois je crois fermement
Qu'il ne fit onc si vivement
Le badin qui rit ou se mord   5
Comme il fait maintenant le mort.
Sa science n'était point vile
Mais bonne, car en cette ville
Des tristes tristeur détournait
Et l'homme aise en aise tenait.   10
    Or bref, quand il entrait en salle
Avec une chemise sale,
Le front, la joue et la narine
Toute couverte de farine,[3]
Et coiffé d'un béguin d'enfant   15
Et d'un haut bonnet triomphant
Garni de plumes de chapons,
Avec tout cela, je réponds
Qu'en voyant sa grâce niaise,
On n'était pas moins gai ni aise   20
Qu'on est aux champs Élysiens.[4]
    O vous, humains Parisiens,
De le pleurer pour récompense
Impossible est, car quand on pense
A ce qu'il soulait faire et dire,   25
On ne se peut tenir de rire.
Que dis-je? on ne le pleure point?
Si fait-on, et voici le point:
On en rit si fort en maints lieux
Que les larmes viennent aux yeux.   30
Ainsi en riant on le pleure
Et en pleurant on rit à l'heure.
Or pleurez, riez votre saoul,
Tout cela ne lui sert d'un sou.
Vous feriez beaucoup mieux, en somme,   35
De prier Dieu pour le pauvre homme.

---

[1] *Epitaphe IX* (before 1527); Guif. IV, 325.
[2] Tightly enclosed, i.e., in the tomb.
[3] Traditionally used by comedians to whiten their faces.
[4] The Elysian Fields.

A SON AMI LION[1]

Je ne t'écris de l'amour vaine et folle,
Tu vois assez s'elle sert ou affole;
Je ne t'écris ne d'armes ne de guerre,
Tu vois qui peut bien ou mal y acquerre;
Je ne t'écris de fortune puissante,   5
Tu vois assez s'elle est ferme ou glissante;
Je ne t'écris d'abus trop abusant,
Tu en sais prou, et si n'en vas usant;
Je ne t'écris de Dieu ne sa puissance,
C'est à lui seul t'en donner connaissance;   10
Je ne t'écris des dames de Paris,
Tu en sais plus que leurs propres maris;
Je ne t'écris qui est rude ou affable,
Mais je te veux dire une belle fable,
C'est à savoir du Lion et du Rat.   15
  Cetui Lion, plus fort qu'un vieil verrat,
Vit une fois que le Rat ne savait
Sortir d'un lieu,[2] pourautant qu'il avait
Mangé le lard et la chair toute crue.[3]
Mais ce Lion, qui jamais ne fut grue,   20
Trouva moyen et manière et matière
D'ongles et dents de rompre la ratière,
Dont maître Rat échappe vitement.
Puis mit à terre un genouil gentement
Et, en ôtant son bonnet de la tête,   25
A mercié mille fois la grand bête,
Jurant le dieu des souris et des rats
Qu'il lui rendrait.[4] Maintenant tu voiras
Le bon du conte.[5] Il advint d'aventure
Que le Lion, pour chercher sa pâture,   30
Saillit dehors sa caverne et son siège,
Dont (par malheur) se trouva prins au piège,
Et fut lié contre un ferme poteau.
Adonc le Rat, sans serpe ne couteau,
Y arriva, joyeux et ébaudi;   35
Et du Lion (pour vrai) ne s'est gaudi.
Mais dépita chats, chattes et chatons,
Et prisa fort rats, rattes et ratons,

Dont il avait trouvé temps favorable
Pour secourir le Lion secourable,
Auquel a dit: «Tais-toi, Lion lié,
Par moi seras maintenant délié;
Tu le vaux bien, car le cœur joli as;   5
Bien y parut quand tu me délias.
Secouru m'as fort lionneusement,
Or secouru seras rateusement.»
    Lors le Lion ses deux grands yeux vêtit[6]
Et vers le Rat les tourna un petit,   10
En lui disant: «O pauvre verminière,[7]
Tu n'as sur toi instrument ne manière,
Tu n'as couteau, serpe ne serpillon
Qui sût couper corde ne cordillon
Pour me jeter de cette étroite voie.[8]   15
Va te cacher, que le chat ne te voie.
—Sire Lion, dit le fils de souris,
De ton propos, certes, je me souris;
J'ai des couteaux assez, ne te soucie,
De bel os blanc, plus tranchants qu'une scie.   20
Leur gaine, c'est ma gencive et ma bouche.
Bien couperont la corde qui te touche
De si très près, car j'y mettrai bon ordre.»
    Lors sire Rat va commencer à mordre
Ce gros lien. Vrai est qu'il y songea   25
Assez longtemps, mais il le vous rongea
Souvent et tant qu'à la parfin tout rompt.
Et le Lion de s'en aller fut prompt,
Disant en soi: «Nul plaisir, en effet,
Ne se perd point, quelque part où soit fait.»   30
    Voilà le conte en termes rimassés.
Il est bien long, mais il est vieil assez;
Témoin Esope et plus d'un million.
Or viens me voir, pour faire le Lion,
Et je mettrai peine, sens et étude   35
D'être le Rat exempt d'ingratitude;
J'entends si Dieu te donne autant d'affaire
Qu'au grand Lion, ce qu'il ne veuille faire.

---

[1] *A son ami Lion* (1526); Guif. III, 75. Marot, accused by a vindictive woman of having broken the Lenten fast, was imprisoned in the Châtelet, where this epistle was written. The appeal was successful, and

Lion Jamet (to whom it is addressed) and Louis Guillard, Bishop of
Chartres, obtained Marot's release.

[2] Applied to Marot's situation, the "lieu" would be the Châtelet.

[3] This was Marot's crime, and it was interpreted as a sign of heresy,
possibly of Protestantism.

[4] "Qu'il *le* (the favor) lui rendrait."

[5] Apparently used in the double meaning of "the good part of the
story" and "the good squaring of accounts."

[6] Covered, by lowering his eyelids, so as not to frighten the rat.

[7] Poor little vermin.

[8] To get me out of these straits.

A   SES   AMIS[1]

Il n'en est rien de ce qu'on vous révèle;
Ceux qui l'ont dit ont faute de cervelle.
Car en mon cas il n'y a méprison
Et par-dedans ne vis jamais prison.
Doncques, amis, l'ennui qu'avez, ôtez-le.   5

Et vous, causeurs pleins d'envie immortelle,
Qui voudriez bien que la chose fût telle,
Crevez de deuil, de dépit ou poison;
    Il n'en est rien.

Je ris, je chante en joie solennelle.   10
Je sers ma dame et me console en elle.
Je rime en prose (et peut-être en raison),
Je sors dehors, je rentre en la maison.
Ne croyez pas doncques l'autre nouvelle:
    Il n'en est rien.   15

[1] *A ses amis* (1526?); Guif. V, 138. The date is suggested by H. Guy,
II, 147, who thinks that the rondeau may have been written while
Marot was in "house arrest" at Chartres, after his release from the
Châtelet.

AU ROI,
POUR AVOIR ÉTÉ DÉROBÉ[1]

On dit bien vrai: la mauvaise fortune
Ne vient jamais qu'elle n'en apporte une,
Ou deux, ou trois avecques elle, Sire;
Votre cœur noble en saurait bien que dire.
Et moi, chétif, qui ne suis roi ne rien   5
L'ai éprouvé; et vous conterai bien,
Si vous voulez, comment vint la besogne.
J'avais un jour un valet de Gascogne,
Gourmand, ivrogne, et assuré menteur,
Pipeur, larron, jureur, blasphémateur,   10
Sentant la hart de cent pas à la ronde;
Au demeurant, le meilleur fils du monde,
Prisé, loué, fort estimé des filles
Par les bourdeaux, et beau joueur de quilles.
Ce vénérable hillot fut averti   15
De quelque argent que m'aviez départi[2]
Et que ma bourse avait grosse apostume.
Si se leva plus tôt que de coutume
Et me va prendre en tapinois icelle;
Puis la vous mit très bien sous son aisselle,   20
Argent et tout, cela se doit entendre!
Et ne crois point que ce fût pour le rendre,
Car oncques puis n'en ai ouï parler.
Bref, le vilain ne s'en voulut aller
Pour si petit, mais encore il me happe   25
Saie et bonnet, chausses, pourpoint et cape.
De mes habits, en effet, il pilla
Tous les plus beaux, et puis s'en habilla
Si justement, qu'à le voir ainsi être,
Vous l'eussiez prins—en plein jour—pour son maître.   30
  Finablement, de ma chambre il s'en va
Droit à l'étable, où deux chevaux trouva;
Laisse le pire et sur le meilleur monte,
Pique et s'en va.[3] Pour abréger le conte,
Soyez certain qu'au partir dudit lieu   35
N'oublia rien, fors à me dire adieu.

Ainsi s'en va, chatouilleux de la gorge,
Ledit valet, monté comme un saint George;[4]
Et vous laissa monsieur dormir son saoul,
Qui au réveil n'eût su finer d'un sou.
Ce monsieur-là, Sire, c'était moi-même,   5
Qui, sans mentir, fus au matin bien blême,
Quand je me vis sans honnête vêture
Et fort fâché de perdre ma monture.
Mais de l'argent que vous m'aviez donné,
Je ne fus point de le perdre étonné;   10
Car votre argent, très débonnaire Prince,
Sans point de faute est sujet à la pince.
    Bientôt après cette fortune-là,
Une autre pire encore se mêla
De m'assaillir, et chacun jour m'assaut,   15
Me menaçant de me donner le saut
Et de ce saut m'envoyer à l'envers
Rimer sous terre et y faire des vers.[5]
C'est une lourde et longue maladie[6]
De trois bons mois, qui m'a toute élourdie   20
La pauvre tête, et ne veut terminer,
Ains me contraint d'apprendre à cheminer,
Tant affaibli m'a d'étrange manière;
Et si m'a fait la cuisse héronnière,
L'estomac sec, le ventre plat et vague: 25
Quand tout est dit, aussi mauvaise bague
(Ou peu s'en faut) que femme de Paris,
Sauve l'honneur d'elles et leurs maris.
Que dirai plus? Au misérable corps,
Dont je vous parle, il n'est demouré fors   30
Le pauvre esprit, qui lamente et soupire,
Et en pleurant tâche à vous faire rire.
    Et pourautant, Sire, que suis à vous,
De trois jours l'un[7] viennent tâter mon pouls
Messieurs Braillon, Le Coq, Akaquia,[8]   35
Pour me garder d'aller jusqu'à quia.[9]
Tout consulté, ont remis au printemps
Ma guérison; mais à ce que j'entends,
Si je ne puis au printemps arriver,
Je suis taillé de mourir en hiver,   40
Et en danger, si en hiver je meurs,
De ne voir pas les premiers raisins meurs.
Voilà comment depuis neuf mois en çà

Je suis traité. Or ce que me laissa
Mon larronneau, longtemps a l'ai vendu,
Et en sirops et juleps dépendu.
   Ce néanmoins, ce que je vous en mande
N'est pour vous faire ou requête ou demande;   5
Je ne veux point tant de gens ressembler
Qui n'ont souci autre que d'assembler.
Tant qu'ils vivront, ils demanderont, eux;
Mais je commence à devenir honteux,
Et ne veux plus à vos dons m'arrêter.   10
Je ne dis pas, si voulez rien prêter,
Que ne le prenne. Il n'est point de prêteur,
S'il veut prêter, qui ne fasse un detteur.
Et savez-vous, Sire, comment je paie?
Nul ne le sait si premier ne l'essaie.   15
Vous me devrez, si je puis, de retour,
Et vous ferai encores un bon tour.
A celle fin qu'il n'y ait faute nulle,
Je vous ferai une belle cédule
A vous payer (sans usure il s'entend)   20
Quand on voira tout le monde content;
Ou, si voulez, à payer ce sera
Quand votre los et renom cessera.
   Et si sentez que sois faible de reins
Pour vous payer, les deux princes Lorrains[10]   25
Me plégeront. Je les pense si fermes
Qu'ils ne faudront pour moi à l'un des termes.
Je sais assez que vous n'avez pas peur
Que je m'enfuie ou que je sois trompeur;
Mais il fait bon assurer ce qu'on prête.   30
Brief, votre paie, ainsi que je l'arrête,
Est aussi sûre, advenant mon trépas,
Comme advenant que je ne meure pas.
Avisez donc si vous avez désir
De rien prêter; vous me ferez plaisir.   35
Car puis un peu j'ai bâti à Clément,
Là où j'ai fait un grand déboursement,
Et à Marot, qui est un peu plus loin:[11]
Tout tombera qui n'en aura le soin.
   Voilà le point principal de ma lettre;   40
Vous savez tout, il n'y faut plus rien mettre:
Rien mettre? las! certes et si ferai,
Et ce faisant mon style j'enflerai,

Disant: « O Roi, amoureux des neuf Muses,
Roi en qui sont leurs sciences infuses,
Roi plus que Mars d'honneur environné,
Roi le plus roi qui fut onc couronné,
Dieu tout puissant te doint, pour t'étrenner,   5
Les quatre coins du monde gouverner,
Tant pour le bien de la ronde machine
Que pourautant que sur tous en es digne.»

[1] *Au roi, pour avoir été dérobé* (1531); Guif. III, 182. Cf. H. Guy, II, 185. The epistle was sent to Francis I on January 1, 1532, through the intermediation of Jacques Colin. The King responded by giving Marot one hundred écus.

[2] Money received from Francis after his marriage to Eléonore d'Autriche.

[3] The theft took place around April, 1531.

[4] St. George was traditionally pictured as handsomely mounted on a fine horse.

[5] The pun is double, on *rimer* (to rime, to freeze) and *vers* (verses, worms).

[6] In 1531, France was suffering from an epidemic of the plague.

[7] Every three days.

[8] Louis Braillon, Guillaume Lecoq, and Martin Akakia, three of the king's physicians.

[9] I.e., the last word, death.

[10] The Duc de Guise and the Cardinal de Lorraine.

[11] The houses and their locations are mythical.

DE FRÈRE LUBIN[1]

Pour courir en poste à la ville
Vingt fois, cent fois, ne sais combien,   10
Pour faire quelque chose vile,
Frère Lubin le fera bien;
Mais d'avoir honnête entretien
Ou mener vie salutaire,
C'est à faire à un bon Chrétien: 15
Frère Lubin ne le peut faire.

Pour mettre, comme un homme habile,
Le bien d'autrui avec le sien
Et vous laisser sans croix ne pile,
Frère Lubin le fera bien;
On a beau dire: «Je le tiens,»   5
Et le presser de satisfaire,
Jamais ne vous en rendra rien:
Frère Lubin ne le peut faire.

Pour débaucher par un doux style   10
Quelque fille de bon maintien
Point ne faut de vieille subtile;
Frère Lubin le fera bien.
Il prêche en théologien,
Mais pour boire de belle eau claire—   15
Faites-la boire à votre chien:
Frère Lubin ne le peut faire.

ENVOI

Pour faire plutôt mal que bien,
Frère Lubin le fera bien;
Et si c'est quelque bon affaire,   20
Frère Lubin ne le peut faire.

---

[1] *De Frère Lubin* (1532); Guif. V, 65. The personage satirized in this "ballade à double refrain" is not known; "frère Lubin" was a name commonly applied to mendiant friars.

AVANT-NAISSANCE DU TROI-SIÈME ENFANT DE MADAME LA DUCHESSE DE FERRARE[1]

Petit enfant, quel que sois, fille ou fils,[2]
Parfais le temps de tes neuf mois préfix
Heureusement, puis sors du royal ventre
Et de ce monde en la grand lumière entre.   25

Entre sans cri, viens sans pleur en lumière,
Viens sans donner détresse coutumière
A la mère humble en qui Dieu t'a fait naître,
Puis d'un doux ris commence à la connaître.
Après que fait lui auras connaissance,   5
Prends peu à peu nourriture et croissance
Tant qu'à demi commences à parler
Et tout seulet en trépignant aller
Sur les carreaux de ta maison prospère,
Au passetemps de ta mère et ton père³   10
Qui de t'y voir un de ces jours prétendent
Avec ton frère et ta sœur⁴ qui t'attendent.
Viens hardiment, car quand grandet seras
Et qu'à entendre un peu commenceras,
Tu trouveras un siècle pour apprendre   15
En peu de temps ce qu'enfant peut comprendre.
Viens hardiment, car ayant plus grand âge
Tu trouveras encore davantage:
Tu trouveras la guerre commencée
Contre Ignorance et sa troupe insensée,⁵   20
Et, au rebours, Vertu mise en avant,
Qui te rendra personnage savant
En tous beaux arts, tant soient-ils difficiles,
Tant par moyens que par lettres faciles.
Puis je suis sûr, et on le connaîtra,   25
Qu'à ta naissance avecques toi naîtra
Esprit docile et cœur sans tache amère,
Si tu tiens rien du côté de la mère.
Viens hardiment, et ne crains que fortune
En biens mondains te puisse être importune;   30
Car tu naîtras, non ainsi pauvre et mince
Comme moi, las! mais enfant d'un grand prince.
Viens sain et sauf, tu peux être assuré
Qu'à ta naissance il n'y aura pleuré
A la façon des Thraces lamentant   35
Leurs nouveaux-nés, et en grand deuil chantant
L'ennui, le mal et la peine asservie
Qu'il leur fallait souffrir en cette vie.⁶
Mais tu auras (que Dieu ce bien te fasse!)
Le vrai moyen qui tout ennui efface   40
Et fait qu'au monde angoisse on ne craint point
Ne la mort même alors qu'elle nous point.
Ce vrai moyen, plein de joie féconde,

C'est ferme espoir de la vie seconde
Par Jésus-Christ, vainqueur et triomphant
De cette mort. Viens donc, petit enfant,
Viens voir de terre et de mer le grand tour,
Avec le ciel qui se courbe à l'entour.   5
Viens voir, viens voir mainte belle ornature
Que chacun d'eux a reçu de nature.
Viens voir ce monde, et les peuples et princes
Régnant sur lui en diverses provinces,
Entre lesquels est le plus apparent   10
Le Roi François, qui te sera parent,
Sous et par qui ont été éclaircis
Tous les beaux arts par avant obscurcis.
O siècle d'or, le plus fin que l'on treuve,
Dont la bonté sous un tel roi s'épreuve!   15
O jours heureux à ceux qui les connaissent,
Et plus heureux ceux qui aujourd'hui naissent!
Je te dirais encor cent mille choses
Qui sont en terre, autour du ciel encloses,
Belles à l'œil et douces à penser;   20
Mais j'aurais peur de ta mère offenser,
Et que de voir et d'y penser tu prinsses
Si grand désir qu'avant le terme vinsses.
Parquoi, enfant, quel que sois, fille ou fils,
Parfais le temps de tes neuf mois préfix   25
Heureusement, puis sors du royal ventre
Et de ce monde en la grand lumière entre.

---

[1] *Avant-naissance* (1535); Guif. II, 272. Cf. H. Guy, II, 223. Marot, having fled Paris after the Affaire des Placards, had arrived at the court of Ferrara in April, 1535; the poem was written in July.

[2] The child, Lucrezia d'Este, was born on December 16, 1535; she was later to become Duchess of Urbino.

[3] Hercule d'Este.

[4] Alphonse d'Este and Anne, later Duchesse de Guise.

[5] The Sorbonne and its theologians.

[6] According to Herodotus, Book V, the Trausi (not all the Thracians) wept thus over the fate of their newborn children.

AU ROI, DU TEMPS
DE SON EXIL A FERRARE[1]

Je pense bien que ta magnificence,
Souverain Roi, croira que mon absence
Vient par sentir la coulpe qui me point
D'aucun méfait; mais ce n'est pas le point.
Je ne me sens du nombre des coupables,   5
Mais je sais tant de juges corrompables
Dedans Paris que, par pécune prinsse,
Ou par amis, ou par leur entreprinsse,
Ou en faveur et charité piteuse
De quelque belle humble solliciteuse,   10
Ils sauveront la vie orde et immonde
Du plus méchant et criminel du monde;
Et, au rebours, par faute de pécune
Ou de support, ou par quelque rancune,
Aux innocents ils sont tant inhumains   15
Que content suis ne tomber en leurs mains.
Non pas que tous je les mette en un compte;
Mais la grand part la meilleure surmonte,
Et tel mérite y est autorisé
Dont le conseil n'est ouï ne prisé.   20
Suivant propos, trop me sont ennemis
Pour leur Enfer, que par écrit j'ai mis,[2]
Où quelque peu de leurs tours je décœuvre;
Là me veut-on grand mal pour petit œuvre.
Mais je leur suis encor plus odieux   25
Dont je l'osai lire devant les yeux
Tant clairvoyants de ta Majesté haute,[3]
Qui a pouvoir de réformer leur faute.
    Brief, par effet, voire par fois diverses,
Ont déclairé leurs volontés perverses   30
Encontre moi; mêmes un jour ils vindrent
A moi malade et prisonnier me tindrent,
Faisant arrêt sus un homme arrêté
Au lit de mort;[4] et m'eussent pis traité
Si ce ne fût ta grand bonté, qui à ce   35
Donna bon ordre avant que t'en priasse,
Leur commandant de laisser choses telles:
Dont je te rends grâces très immortelles.

Autant comme eux, sans cause qui soit bonne,
Me veut de mal l'ignorante Sorbonne.
Bien ignorante elle est d'être ennemie
De la trilingue et noble académie
Qu'as érigée.[5] Il est tout manifeste 5
Que là-dedans, contre ton veuil céleste,
Est défendu qu'on ne voise alléguant
Hébrieu ni grec ni latin élégant,
Disant que c'est langage d'hérétiques.
O pauvres gens, de savoir tous étiques, 10
Bien faites vrai ce proverbe courant:
«Science n'a haineux que l'ignorant.»
Certes, ô Roi, si le profond des cœurs
On veut sonder de ces Sorbonniqueurs,
Trouvé sera que de toi ils se deulent. 15
Comment douloir? mais que grand mal te veulent
Dont tu as fait les lettres et les arts
Plus reluisants que du temps des Césars;[6]
Car leurs abus voit-on en façon telle.
C'est toi qui as allumé la chandelle 20
Par qui maint œil voit mainte vérité
Qui, sous épaisse et noire obscurité,
A fait tant d'ans ici-bas demeurance:
Et qu'est-il rien plus obscur qu'ignorance?
Eux et leur cour, en absence et en face, 25
Par plusieurs fois m'ont usé de menace,
Dont la plus douce était en criminel
M'exécuter. Que plût à l'Éternel,
Pour le grand bien du peuple désolé,
Que leur désir de mon sang fût saoulé 30
Et tant d'abus, dont ils se sont munis,
Fussent à clair découverts et punis!
O quatre fois et cinq fois bienheureuse
La mort, tant soit cruelle et rigoureuse,
Qui ferait seule un million de vies 35
Sous tels abus n'être plus asservies!
    Or à ce coup il est bien évident
Que dessus moi ont une vieille dent,
Quand, ne pouvant crime sur moi prouver,
Ont très bien quis et très bien su trouver, 40
Pour me fâcher, briève expédition
En te donnant mauvaise impression
De moi ton serf, pour après à leur aise

Mieux mettre à fin leur volonté mauvaise;
Et, pour ce faire, ils n'ont certes eu honte
Faire courir de moi vers toi maint conte,
Avecques bruit plein de propos menteurs,
Desquels ils sont les premiers inventeurs.   5
De Luthériste ils m'ont donné le nom;
Qu'à droit ce soit, je leur réponds que non.
Luther pour moi des cieux n'est descendu,
Luther en croix n'a point été pendu
Pour mes péchés; et, tout bien avisé,   10
Au nom de lui ne suis point baptisé.
Baptisé suis au nom qui tant bien sonne
Qu'au son de lui le Père éternel donne
Ce que l'on quiert: le seul nom sous les cieux
En et par qui ce monde vicieux   15
Peut être sauf; le nom tant fort puissant
Qu'il a rendu tout genouil fléchissant,
Soit infernal, soit céleste ou humain:
Le nom par qui du seigneur Dieu la main
M'a préservé de ces grands loups rabis   20
Qui m'épiaient dessous peaux de brebis.
O seigneur Dieu, permettez-moi de croire
Que réservé m'avez à votre gloire;
Serpents tortus et monstres contrefaits
Certes sont bien à votre gloire faits.   25
Puisque n'avez voulu donc condescendre
Que ma chair vile ait été mise en cendre,
Faites au moins, tant que serai vivant,
Qu'à votre honneur soit ma plume écrivant.
Et si ce corps avez prédestiné   30
A être un jour par flamme terminé,
Que ce ne soit au moins pour cause folle,
Ainçois pour vous et pour votre parole.
Et vous supply, Père, que le tourment
Ne lui soit pas donné si véhément   35
Que l'âme vienne à mettre en oubliance
Vous, en qui seul gît toute sa fiance;
Si que je puisse, avant que d'assoupir,
Vous invoquer jusqu'au dernier soupir.
        Que dis-je? où suis-je? ô noble Roi François,   40
Pardonne-moi, car ailleurs je pensois.
Pour revenir doncques à mon propos,
Rhadamantus,[7] avecques ses suppôts,

Dedans Paris, combien que fusse à Blois,
Encontre moi fait ses premiers exploits
En saisissant de ses mains violentes
Toutes mes grands richesses excellentes
Et beaux trésors d'avarice délivres,   5
C'est à savoir mes papiers et mes livres
Et mes labeurs. O juge sacrilège,
Qui t'a donné ne loi ne privilège
D'aller toucher et faire tes massacres
Au cabinet des saintes Muses sacres?   10
Bien est-il vrai que livres de défense[8]
On y trouva; mais cela n'est offense
A un poète, à qui on doit lâcher
La bride longue et rien ne lui cacher,
Soit d'art magic, nécromance ou cabale;   15
Et n'est doctrine écrite ne verbale
Qu'un vrai poète au chef ne dût avoir
Pour faire bien d'écrire son devoir.
Savoir le mal est souvent proufitable
Mais en user est toujours évitable;   20
Et d'autre part, que me nuit de tout lire?
Le grand donneur m'a donné sens d'élire
En ces livrets tout cela qui accorde
Aux saints écrits de grâce et de concorde,
Et de jeter tout cela qui diffère   25
Du sacré sens, quand près on le confère;
Car l'Écriture est la touche où l'on treuve
Le plus haut or, et qui veut faire épreuve
D'or, quel qu'il soit, il le convient toucher
A cette pierre et bien près l'approcher   30
De l'or exquis, qui tant se fait paraître
Que, bas ou haut, tout autre fait connaître.
    Le juge donc affecté se montra
En mon endroit, quand des premiers outra
Moi, qui étais absent et loin des villes   35
Où certains fols firent choses trop viles
Et de scandale,[9] hélas! au grand ennui,
Au détriment et à la mort d'autrui.
Ce que sachant, pour me justifier
En ta bonté je m'osai tant fier   40
Que hors de Blois partis, pour à toi, Sire,
Me présenter. Mais quelqu'un me vint dire:
«Si tu y vas, ami, tu n'es pas sage,

Car tu pourrais avoir mauvais visage
De ton Seigneur.» Lors comme le nocher
Qui pour fuir le péril d'un rocher
En pleine mer se détourne tout court,
Ainsi pour vrai m'écartai de la cour,   5
Craignant trouver le péril de durté
Où je n'eus onc fors douceur et sûrté.
Puis je savais, sans que de fait l'apprinsse,
Qu'à un sujet l'œil obscur de son prince
Est bien la chose, en la terre habitable,   10
La plus à craindre et la moins souhaitable.
Si m'en allai, évitant ce danger,
Non en pays, non à prince étranger,
Non point usant de fugitif détour,
Mais pour servir l'autre Roi à mon tour,   15
Mon second maître, et ta sœur son épouse[10]
A qui je fus, des ans a quatre et douze,[11]
De ta main noble heureusement donné.
Puis tôt après, royal chef couronné,
Sachant plusieurs de vie trop meilleure   20
Que je ne suis être brûlés à l'heure,[12]
Si durement que mainte nation
En est tombée en admiration,[13]
J'abandonnai, sans avoir commis crime,
L'ingrate France, ingrate, ingratissime   25
A son poète, et en la délaissant
Fort grand regret ne vint mon cœur blessant.
Tu mens, Marot! grand regret tu sentis
Quand tu pensas à tes enfants petits.
Enfin passai les grands froides montagnes[14]   30
Et vins entrer aux Lombardes campagnes,
Puis en l'Itale où Dieu, qui me guidait,
Dressa mes pas au lieu où résidait
De ton clair sang une Princesse humaine,[15]
Ta belle-sœur[16] et cousine germaine,[17]   35
Fille du Roi tant craint et renommé,[18]
Père du peuple aux chroniques nommé.
En sa duché de Ferrare venu,
M'a retiré de grâce et retenu
Pource que bien lui plaît mon écriture   40
Et pourautant que suis ta nourriture.
    Parquoi, ô Sire, étant avecques elle,
Conclure puis d'un franc cœur et vrai zèle

Qu'à moi ton serf ne peut être donné
Reproche aucun que t'aie abandonné,
En protestant, si je perds ton service,
Qu'il vient plutôt de malheur que de vice.

[1] *Au roi, du temps de son exil à Ferrare* (1535 or 1536); Guif. III, 384. Cf. H. Guy, II, 232.

[2] The *Enfer* was written at Chartres in 1526. It is a satirical treatment of Marot's imprisonment in the Châtelet during the preceding months.

[3] Marot apparently read the *Enfer* to Francis shortly after being released from Chartres.

[4] Francis was in Normandy when, in March, 1532, the old charges resulting in Marot's imprisonment in 1526 were revived; cf. Guy, II, 187.

[5] Francis founded the future Collège de France in 1529-30; the three languages taught were Latin, Greek, and Hebrew (cf. line 8 below). The Sorbonne had condemned the new academy as early as April, 1530.

[6] Note the awareness of the Renaissance and its attribution to the personal influence of Francis I.

[7] The bailiff Morin; cf. Guy, II, 202.

[8] Prohibited books.

[9] Allusion to the Affaire des Placards, the hanging of heretical posters in Paris and other cities on October 17, 1534.

[10] Henri of Navarre and Marguerite.

[11] Sixteen years ago.

[12] Executions following the Affaire des Placards.

[13] The excessive punishments aroused severe criticism all over Europe.

[14] The Alps.

[15] Renée de France, Duchess of Ferrara.

[16] Renée was sister to Claude de France, Francis's first wife.

[17] Through their common ancestry in Louis, Duc d'Orléans.

[18] Louis XII.

A MONSEIGNEUR LE DAUPHIN, DU TEMPS DE SON EXIL[1]

En mon vivant n'après ma mort avec,
Prince royal, je ne tournai le bec
Pour vous prier; or devinez qui est-ce

Qui maintenant en prend la hardiesse?
Marot banni, Marot mis en recoi.
C'est lui sans autre; et savez-vous pourquoi
Ce qu'il demande il a voulu écrire?
C'est pourautant qu'il ne l'ose aller dire.   5
Voilà le point, il ne faut pas mentir,
Que l'air de France il n'ose aller sentir.
Mais s'il avait sa demande impétrée,
Jambes ne tête il n'a si empêtrée
Qu'il n'y volât. En vous parlant ainsi,   10
Plusieurs diront que je m'ennuie ici,
Et pensera quelque cafard pelé
Que je demande à être rappelé.
Mais, Monseigneur, ce que demander j'ose
De quatre parts[2] n'est pas si grande chose;   15
Ce que je quiers et que de vous espère,
C'est qu'il vous plaise au Roi, votre cher père,
Parler pour moi, si bien qu'il soit induit
A me donner le petit sauf-conduit
De demi-an, que la bride me lâche,   20
Ou de six mois, si demi-an lui fâche;
Non pour aller visiter mes châteaux,
Mais bien pour voir mes petits Marotteaux
Et donner ordre à un faix qui me poise;
Aussi afin que dire adieu je voise   25
A mes amis et mes compagnons vieux.
Car vous savez, si faiṣ-je encore mieux,
Que la poursuite et fureur de l'affaire
Ne me donna jamais temps de ce faire.
Aussi afin qu'encore un coup j'accole   30
La cour du Roi, ma maîtresse d'école.
Si je vais là, mille bonnets ôtés,
Mille bonjours viendront de tous côtés,
Tant de Dieugards, tant qui m'embrasseront,
Tant de saluts, qui d'or[3] point ne seront.   35
Puis ce dira quelque langue friande:
«Et puis, Marot, est-ce une grand viande
Qu'être de France étrangé et banni?»
«Par Dieu, monsieur, ce dirai-je, nenni!»
Lors, que de chère et grandes accolées;   40
Prendrai les bons, laisserai les volées.[4]
«Adieu, messieurs!» «Adieu donc, mon mignon!»
Et cela fait, verrez le compagnon

Tôt déloger; car, mon terme failli,
Je ne craindrais sinon d'être assailli
Et empaumé. Mais si le Roi voulait
Me retirer, ainsi comme il soulait,
Je ne dis pas qu'en gré ne le prinsse;   5
Car un vassal est sujet à son Prince.
Il le ferait s'il savait bien comment
Depuis un peu je parle sobrement;
Car ces Lombards avec qui je chemine
M'ont fort appris à faire bonne mine,   10
A un mot seul de Dieu ne deviser,
A parler peu et à poltronniser.
Dessus un mot une heure je m'arrête.
S'on parle à moi, je réponds de la tête.
Mais je vous pry, mon sauf-conduit ayons   15
Et de cela plus ne nous émayons;
Assez avons espace d'en parler
Si une fois vers vous je puis aller.
     Conclusion, royale géniture:
Ce que je quiers n'est rien qu'une écriture   20
Que chacun jour on baille aux ennemis;
On la peut bien octroyer aux amis.
Et ne faut jà qu'on ferme la Champagne
Plutôt à moi qu'à quelque Jean[5] d'Espagne;
Car quoique né de Paris je ne sois,   25
Point je ne laisse à être bon François.
Et si de moi, comme espère, l'on pense,
J'ai entrepris pour faire récompense
Un œuvre exquis, si ma muse s'enflamme,
Qui maugré temps, maugré fer, maugré flamme   30
Et maugré mort, fera vivre sans fin
Le Roi François et son noble Dauphin.

---

[1] *A Monseigneur le Dauphin* (1536); Guif. III, 392. Cf. H. Guy, II, 236. The epistle was written from Venice in 1536. Its recipient, François, duc de Bretagne, dauphin de France, was to die shortly thereafter, on August 10, 1536, at Tournon.

[2] Altogether.

[3] The *salut d'or* was a gold coin of the period.

[4] A double pun on terms from the game of *paume*: "les bons" ("bonds"), throws in which the ball has struck the wall; "les volées" direct throws from the player.

[5] Tom, Dick, or Harry.

LE DIEUGARD DE MAROT
A LA COUR[1]

Vienne la mort quand bon lui semblera.
Moins que jamais mon cœur en tremblera
Puisque de Dieu je reçois cette grâce
De voir encor de mon Seigneur la face.
  Ha! mal parlants, ennemis de vertu,   5
Totalement me disiez dévêtu
De ce grand bien; votre cœur endurci
Ne connut onc ne pitié ne merci.
Pourtant avez semblable à vous pensé
Le plus doux Roi qui fut onc offensé.   10
C'est lui, c'est lui, France, reine sacrée,
C'est lui qui veut que mon œil se récrée
Comme soulait en votre doux regard.
Or je vous vois, France; que Dieu vous gard!
Depuis le temps que je ne vous ai vue,   15
Vous me semblez bien amendée et crue;
Que Dieu vous croisse encore plus prospère.
  Dieu gard Françòis,[2] votre cher fils et père,
Le plus puissant en armes et science
Dont ayez eu encore expérience.   20
Dieu gard la reine Aliénor d'Autriche,[3]
D'honneur, de sens et de vertus tant riche.
Dieu gard du dard mortifère et hideux
Les fils du Roi; Dieu nous les gard tous deux.[4]
O que mon cœur est plein de deuil et d'ire   25
De ce que plus les trois je ne puis dire![5]
Dieu gard leur sœur, la Marguerite[6] pleine
De dons exquis. Ha! reine Madeleine,[7]
Vous nous lairrez; bien vous puis, ce me semble,
Dire Dieugard et adieu tout ensemble.   30
Pour abréger, Dieu gard le noble reste
Du royal sang, origine céleste.
Dieu gard tous ceux qui pour la France veillent
Et pour son bien combattent et conseillent.
Dieu gard la cour des dames, où abonde   35
Toute la fleur et l'élite du monde.
Dieu gard enfin toute la fleur de lis,
Lime et rabot des hommes mal polis.

Or sus avant, mon cœur, et vous, mes yeux!
Tous d'un accord dressez-vous vers les cieux
Pour gloire rendre au pasteur débonnaire
D'avoir tenu en son parc ordinaire
Cette brebis éloignée en souffrance.   5
Merciez ce notable Roi de France,
Roi plus ému vers moi de pitié juste
Que ne fut pas envers Ovide Auguste;[8]
Car d'adoucir son exil le pria,
Ce qu'accordé Auguste ne lui a.   10
Non que je veuille, Ovide, me vanter
D'avoir mieux su que ta muse chanter.
Trop plus que moi tu as de véhémence
,Pour émouvoir à merci et clémence;
Mais assez bon persuadeur me tiens,   15
Ayant un prince humain plus que le tien.
Si tu me vaincs en l'art tant agréable,
Je te surmonte en fortune amiable;
Car quand banni aux Gètes[9] tu étais,
Ruisseaux de pleurs sur ton papier jetais   20
En écrivant sans espoir de retour.
Et je me vois mieux que jamais autour
De ce grand Roi. Cependant qu'as été
Près de César[10] à Rome, en liberté
D'amour chantas, parlant de ta Corinne;[11]   25
Quant est de moi, je ne veux chanter hymne
Que de mon Roi. Ses gestes reluisants
Me fourniront d'arguments suffisants.
Qui veut d'amour deviser, si devise—
Là est mon but. Mais quand je me ravise,   30
Dois-je finir l'élégie présente
Sans qu'un Dieugard encore je présente?
Non; mais à qui? Puisque François pardonne
Tant et si bien qu'à tous exemple il donne,
Je dis Dieugard à tous mes ennemis   35
D'aussi bon cœur qu'à mes plus chers amis.

---

[1] *Le Dieugard* (1537); Guif. III, 556. Cf. H. Guy, II, 242. The poem
was written in February, 1537, immediately after Marot's return from
Italy. The word *Dieugard* is made up of *Dieu* and *gard*, pres. subj. of
garder: "may God keep."

[2] The King.

[3] Francis's second wife, whom he married on July 6 or 7, 1530.

⁴ Henri, duc d'Orléans (later Henri II) and Charles, duc d'Orléans.
⁵ The Dauphin had died of pneumonia, August 10, 1536.
⁶ Marguerite de France, born June 5, 1523.
⁷ Madeleine de France, born August 10, 1520, now a queen since her marriage to James Stuart of Scotland on January 1, 1537.
⁸ Ovid, exiled by Augustus in 9 A.D., never was forgiven and died in exile.
⁹ Ovid was exiled to Tomi on the Black Sea, in the land of the Getae or Dacians.
¹⁰ Caesar Augustus.
¹¹ The name given by Ovid to his beloved.

A UN POÈTE IGNORANT¹

Qu'on mène aux champs ce coquardeau,
Lequel gâte, quand il compose,
Raison, mesure, texte et glose,
Soit en ballade ou en rondeau.

Il n'a cervelle ne cerveau,   5
C'est pourquoi si haut crier j'ose:
Qu'on mène aux champs ce coquardeau.

S'il veut rien faire de nouveau,
Qu'il œuvre hardiment en prose,
(J'entends s'il en sait quelque chose)   10
Car en rime ce n'est qu'un veau
        Qu'on mène aux champs.

¹ *A un poète ignorant* (1537?); Guif. V, 129. Possibly addressed to François Sagon as a part of Marot's celebrated quarrel with him.

MAURICE SCÈVE

Unlike the witty courtier, the hail-fellow-well-met that was Marot, Maurice Scève was a grave and retiring person. Long periods in his life remain completely mysterious, and it is thought that he spent them in "retreats" at a monastery near Lyon. He was born at Lyon around 1500, and grew up there during a time when Lyon was one of the great intellectual centers of France. He is known to have studied at Avignon around 1530, for he was involved there in the supposed discovery of the tomb of Petrarch's Laura in 1533. In 1535 appeared his first published work, a translation of Juan de Flores' sequel to Boccaccio's *Fiammetta*. His first real fame came shortly afterwards when he contributed to the flurry of *blasons* (light descriptive poems) started by Marot at the court of Ferrara. He wrote a few pieces, in Latin and in French, for Dolet's *Recueil* published on the occasion of the Dauphin's death (1536). By 1540 he already had a considerable reputation, and this was enhanced by the publication of his *Délie* in 1544. The inspiration for this volume of verse is supposed to have been Pernette du Guillet, herself a poet, with whom Scève had had an affair in the years 1536-1543; Pernette died in 1545. Two years later Scève published *La Saulsaye*, an eclogue. At various times he participated in the preparation of official festivals at Lyon, and in the years 1555-1559 he was closely connected with the various literary salons in or near that city, especially that of Pontus de Tyard at Bissy. His last work, the *Microcosme*, finished in 1559, was not published until two years before his death in 1564.

In all of Scève's works one senses a deep introspective note, almost a metaphysical strain. The *dizains* which compose the *Délie* draw upon Platonic notions of metaphysics and cosmology, and these are modified by the Petrarchan tradition of amatory verse. The poems range from simple, literal expressions where nothing blocks the immediate production of the emotional effect to rather dense and intense lyrics; in the latter, an effort to interpret the symbolism is necessary. This group probably provides the richest poems, since once the meaning has been discovered the overtones add to the complexity* and the subtlety of the total effect.

Maurice Scève, Louise Labé, Pontus de Tyard, as well as some others not included here, formed a group of poets known as the Lyonese school. For many years they were regarded merely as precursors of the more important Pléiade. But critics of recent times have discovered in them remarkable artistic qualities, and they now are read and admired in their own right as an important group of Renaissance poets.

READINGS

Joseph Aynard, *Les Poëtes Lyonnais*, Paris, Bossard, 1924 (with an introduction).

Albert Baur, *Maurice Scève et la renaissance lyonnaise*, Paris, Champion, 1906.

Wallace Fowlie, *Sixty Poems of Scève*, New York, The Swallow Press, 1949 (introduction, translation, and commentary).

V.-L. Saulnier, *Maurice Scève*, Paris, Klincksieck, 1948-49, 2 volumes.

DÉLIE

II

Le Naturant[1] par ses hautes Idées
Rendit de soi la Nature admirable;
Par les vertus de sa vertu guidées
S'évertua en œuvre émerveillable.
Car de tout bien, voire ès dieux désirable,
Parfit un corps en sa parfection,
Mouvant aux cieux telle admiration
Qu'au premier œil mon âme l'adora,
Comme de tous la délectation
Et de moi seul fatale Pandora.[2]　　　　　　　10

NOTE: Basic text for Scève, ed. E. Parturier, *Délie*, Paris, 1916,
"Société des textes français modernes."
[1] The Creator.
[2] In Greek mythology, the first woman, responsible for all man's
ills.

XVI

Je préférais à tous dieux ma maîtresse,
Ainsi qu'Amour le m'avait commandé;
Mais la Mort fière en eut telle tristesse
Que contre moi son dard a débandé,
Et quand je l'ai au besoin demandé　　　　　　15
Le m'a nié, comme pernicieuse.
Pourquoi sur moi, ô trop officieuse,
Perds-tu ainsi ton pouvoir furieux,
Vu qu'en mes morts Délie ingénieuse
Du premier jour m'occit de ses beaux yeux?　　　20

XVII

Plus tôt seront Rhône et Saône déjoints
Que d'avec toi mon cœur se désassemble.
Plus tôt seront l'un et l'autre mont joints[1]
Qu'avecques nous aucun discord s'assemble.
Plus tôt verrons et toi et moi ensemble　　　　　25

Le Rhône aller contremont lentement,
Saône monter très violentement,
Que ce mien feu tant soit peu diminue,
Ni que ma foi décroisse aucunement.
Car ferme amour sans eux est plus que nue.   5

---

[1] The allusion is not clear. Scève may merely mean that one mountain will be joined with another; or he may have in mind such famous pairs of mountains as Vesuvius and Etna, Calpe and Abyla (the Pillars of Hercules).

XVIII

Qui se délecte à bien narrer histoires
Perpétuant des hauts princes les gestes.
Qui se triomphe en superbes victoires
Ou s'enaigrit aux satires molestes.
Qui chante aussi ses amours manifestes   10
Ou se complaît à plaisamment décrire
Farces et jeux émouvant gens à rire.
Mais moi, je n'ai d'écrire autre souci
Fors que de toi, et si ne sais que dire
Sinon crier: «Merci, merci, merci.»   15

XXII

Comme Hécaté[1] tu me feras errer
Et vif et mort cent ans parmi les ombres;
Comme Diane[2] au ciel me resserrer,
D'où descendis en ces mortels encombres;
Comme régnante aux infernales ombres   20
Amoindriras ou accroîtras mes peines.
Mais comme Lune infuse dans mes veines,
Celle tu fus, es, et seras, Délie,
Qu'amour a joint à mes pensées vaines
Si fort que mort jamais ne l'en délie.   25

---

[1] Goddess of the underworld, guardian of the spirits of the dead.
[2] Goddess of the moon.

XXIV

Quand l'œil aux champs est d'éclairs ébloui,
Lui semble nuit quelque part qu'il regarde;
Puis peu à peu de clarté réjoui
Des soudains feux du ciel se contregarde.
Mais moi, conduit dessous la sauvegarde   5
De cette tienne et unique lumière,
Qui m'offusqua ma liesse première
Par tes doux rais aiguëment suivis,
Ne me perds plus en vue coutumière.
Car seulement pour t'adorer je vis.   10

XLVII

M'eût-elle dit, au moins pour sa défaite:
«Je crains, non toi, mais ton affection,»
J'eusse cru lors être bien satisfaite
La mienne en elle honnête intention.
Mais émouvoir si grand dissension   15
Pour moins que rien ne peut être que faute;
Faute, je dis, d'avoir été mal caute
A recevoir du bien fruition,
Qui nous eût faits aller la tête haute,
Trop plus hautains que n'est l'ambition.   20

XLVIII

Si onc la mort fut très doucement chère,
A l'âme douce ores chèrement plaît;
Et si la vie eut onc joyeuse chère,
Toute contente en ce corps se complaît.
A l'un agrée et à l'autre déplaît   25
L'être apparent de ma vaine fumée,
Qui, tôt éteinte et soudain rallumée,
Tient l'espérance en lubrique séjour;
Dont, comme au feu le phénix, emplumée
Meurt et renaît en moi cent fois le jour.   30

LIII

L'architecteur de la machine ronde,
Multipliant sa divine puissance,
Pour enrichir la pauvreté du monde
Créa François, d'admirable prestance;

Duquel voulant démontrer la constance,
Vertu occulte, il l'a soudain submis
Aux faibles mains de ses fiers ennemis,[1]
Chose sans lui vraiement impossible.
Puis, l'acceptant de ses prouvés amis,[2]   5
L'a remis sus en sa force invincible.

---

[1] Allusion to the imprisonment of Francis I after the battle of Pavia, 1525.
[2] He was liberated in 1526.

LVII

Comme celui qui, jouant à la mouche,[1]
Étend la main après le coup reçu,
Je cours à moi quand mon erreur me touche,
Me connaissant par moi-même déçu.   10
Car lorsque j'ai clairement aperçu
Que de ma foi pleinement elle abuse,
«Cette me soit, dis-je, dernière excuse;
Plus je ne veux d'elle aucun bien chercher.»
L'ai-je juré? soudain je m'en accuse,   15
Et maugré moi il me faut chevecher.

---

[1] A game in which the player who was "it" was struck and chased by the others.

XCI

Oté du col de la douce plaisance,
Fus mis ès bras d'amère cruauté,
Quand premier j'eus nouvelle connaissance
De celle rare et divine beauté   20
Qui obligea ma ferme loyauté
Au froid loyer de si grand servitude.
Non que j'accuse en toi nature rude;
Mais à me plaindre à toi m'a incité
L'avoir perdu en telle ingratitude   25
Les meilleurs ans de ma félicité.

CXIX

Petit objet émeut grande puissance
Et peu de flamme attrait l'œil de bien loin.
Que fera donc entière connaissance
Dont on ne peut se passer au besoin?
Ainsi Honneur plus tôt quitterait soin,   5
Plus tôt au Temps sa clepsydre cherrait,
Plus tôt le Nom sa trompette lairrait,
Qu'en moi mourût ce bien dont j'ai envie.
Car, me taisant de toi, on me verrait
Oter l'esprit de ma vie à ma vie.   10

CXXXVI

L'heur de notre heur enflambant le désir
Unit double âme en un même pouvoir;
L'une mourant vit du doux déplaisir
Qui l'autre vive a fait mort recevoir.
Dieu aveuglé,[1] tu nous as fait avoir,   15
Sans autrement ensemble consentir,
Et posséder, sans nous en repentir,
Le bien du mal en effet désirable.
Fais que puissions aussi longtemps sentir
Si doux mourir en vie respirable.   20

[1] Cupid, blindfolded.

CXLIV

En toi je vis, où que tu sois absente;
En moi je meurs, où que soie présent.
Tant loin sois-tu, toujours tu es présente,
Pour près que soie, encore suis-je absent.
Et si nature outragée se sent   25
De me voir vivre en toi trop plus qu'en moi,
Le haut pouvoir qui, ouvrant sans émoi,
Infuse l'âme en ce mien corps passible,
La prévoyant sans son essence en soi,
En toi l'étend, comme en son plus possible.   30

CLXVIII

Toutes les fois qu'en mon entendement
Ton nom divin par la mémoire passe,
L'esprit ravi d'un si doux sentement
En autre vie et plus douce trépasse.
Alors le cœur, qui un tel bien compasse,   5
Laisse le corps prêt à être enchâssé,
Et si bien a vers l'âme pourchassé
Que de soi-même et du corps il s'étrange.
Ainsi celui est des siens déchassé
A qui fortune, ou heur, ou état change.   10

LOUISE LABÉ

Like Maurice Scève, who was one of her many admirers, Louise Labé represented the Lyonese school of the first half of the sixteenth century. She was born in Lyon around 1520 and was given the rare opportunity there of a liberal, Italianate education; she knew Italian well and some Latin, and had some acquaintance with the classics in the two languages. Apparently a person of great beauty, charm, and intelligence, she was early married to a simple rope-maker, Ennemond Perrin, whence the epithet of "la Belle Cordière" applied to her by her contemporaries and posterity. Her marriage did not prevent her from engaging in a multitude of affairs with other men, among them Scève and Olivier de Magny; modern scholars characterize her as a "cortigiana onesta" in the tradition of the great Italian ladies of the day. During her life she was celebrated in poems by Jacques Peletier, Pontus de Tyard, Scève, and Magny as well as by her other admirers. Her own works, restricted in number to an *Épître dédicatoire*, the prose *Débat de Folie et d'Amour*, three verse elegies and twenty-four sonnets (one of them in Italian), were published in 1555. There were three reëditions in the following year. She died in 1566.

Louise Labé's works have a flavor and a quality of their own. The prose *Débat*, showing classical, Italian, and humanist influences, has an easy simplicity which distinguishes it from other works of the period. But it is as a poet that she was most remarkable. Aside from the historical fact that she was one of the first in France to cultivate the sonnet form in an original and distinctive way, her sonnets possess a high artistic value. They modify the Petrarchan tradition in the direction of greater simplicity, a more direct expression of the passions involved, a more intimate note. The net impression is one of a violent and unmasked expression of the various emotions related to love, and hence of a lyrical achievement on the highest plane.

READINGS

Alta Lind Cook, *Sonnets of Louise Labé*, Toronto, University of Toronto Press, 1950 (with translations).

Jean Larnac, *Louise Labé, la Belle Cordière de Lyon*, Paris, Firmin-Didot, 1934.

Dorothy O'Connor, *Louise Labé : Sa Vie et son œuvre*, Paris, Les Presses françaises, 1926.

Frederic Prokosch, *Love Sonnets of Louise Labé*, New York, New Directions, 1947 (with translations).

SONNETS

O beaux yeux bruns, ô regards détournés,
O chauds soupirs, ô larmes épandues,
O noires nuits vainement attendues,
O jours luisants vainement retournés;
O tristes plaints, ô désirs obstinés,   5
O temps perdu, ô peines dépendues,
O mille morts en mille rets tendues,
O pires maux contre moi destinés!
O ris, ô front, cheveux, bras, mains et doigts;
O luth plaintif, viole, archet et voix: 10
Tant de flambeaux pour ardre une femelle!
De toi me plains, que tant de feux portant,
En tant d'endroits d'iceux mon cœur tâtant,
N'en est sur toi volé quelque étincelle.

NOTE: Basic text for Labé, ed. Ch. Boy, *Œuvres*, Paris, 1887,
volume I.

V

Claire Vénus, qui erres par les cieux,   15
Entends ma voix qui en plaints chantera,
Tant que ta face au haut du ciel luira,
Son long travail et souci ennuyeux.
Mon œil veillant s'attendrira bien mieux,
Et plus de pleurs te voyant jettera;   20
Mieux mon lit mol de larmes baignera
De ses travaux voyant témoins tes yeux.
Donc des humains sont les lassés esprits
De doux repos et de sommeil épris.
J'endure mal tant que le soleil luit,   25
Et quand je suis quasi toute cassée
Et que me suis mise en mon lit lassée,
Crier me faut mon mal toute la nuit.

VII

On voit mourir toute chose animée
Lorsque du corps l'âme sutile part.
Je suis le corps, toi la meilleure part;
Où es tu donc, ô âme bien-aimée?
Ne me laissez par si long temps pâmée;   5
Pour me sauver après viendrais trop tard.
Las! ne mets point ton corps en ce hasard,
Rends-lui sa part et moitié estimée.
Mais fais, ami, que ne soit dangereuse
Cette rencontre et revue amoureuse,   10
L'accompagnant, non de sévérité,
Non de rigueur, mais de grâce amiable
Qui doucement me rende ta beauté,
Jadis cruelle, à présent favorable.

VIII

Je vis, je meurs; je me brûle et me noie.   15
J'ai chaud estrême en endurant froidure.
La vie m'est et trop molle et trop dure.
J'ai grands ennuis entremêlés de joie.
Tout à un coup je ris et je larmoie,
Et en plaisir maint grief tourment j'endure;   20
Mon bien s'en va, et à jamais il dure,
Tout en un coup je sèche et je verdoie.
Ainsi Amour inconstamment me mène,
Et quand je pense avoir plus de douleur,
Sans y penser je me treuve hors de peine.   25
Puis quand je crois ma joie être certaine
Et être au haut de mon désiré heur,
Il me remet en mon premier malheur.

IX

Tout aussitôt que je commence à prendre
Dans le mol lit le repos désiré,   30
Mon triste esprit hors de moi retiré
S'en va vers toi incontinent se rendre.
Lors m'est avis que dedans mon sein tendre
Je tiens le bien où j'ai tant aspiré,
Et pour lequel j'ai si haut soupiré   35
Que de sanglots ai souvent cuidé fendre.

O doux sommeil, ô nuit à moi heureuse!
Plaisant repos, plein de tranquillité,
Continuez toutes les nuits mon songe;
Et si jamais ma pauvre âme amoureuse
Ne doit avoir de bien en vérité,   5
Faites au moins qu'elle en ait en mensonge.

XIII

O si j'étais en ce beau sein ravie
De celui-là pour lequel vais mourant,
Si avec lui vivre le demeurant
De mes courts jours ne m'empêchait envie,   10
Si m'accolant me disait: «Chère amie,
Contentons-nous l'un l'autre, s'assurant
Que jà tempête, euripe, ne courant
Ne nous pourra déjoindre en notre vie»;
Si de mes bras le tenant accolé   15
Comme du lierre est l'arbre encercelé,
La mort venait, de mon aise envieuse,
Lorsque souef plus il me baiserait
Et mon esprit sur ses lèvres fuirait,
Bien je mourrais, plus que vivante heureuse.   20

XIV

Tant que mes yeux pourront larmes épandre
A l'heur passé avec toi regretter,
Et qu'aux sanglots et soupirs résister
Pourra ma voix et un peu faire entendre;
Tant que ma main pourra les cordes tendre   25
Du mignard luth, pour tes grâces chanter;
Tant que l'esprit se voudra contenter
De ne vouloir rien fors que toi comprendre,
Je ne souhaite encore point mourir.
Mais quand mes yeux je sentirai tarir,   30
Ma voix cassée et ma main impuissante,
Et mon esprit en ce mortel séjour
Ne pouvant plus montrer signe d'amante,
Prierai la Mort noircir mon plus clair jour.

XXIII

Las! que me sert que si parfaitement
Louas jadis et ma tresse dorée
Et de mes yeux la beauté comparée
A deux soleils, dont Amour finement
Tira les traits, causes de ton tourment?   5
Où êtes-vous, pleurs de peu de durée,
Et mort par qui devait être honorée
Ta ferme amour et itéré serment?
Doncques c'était le but de ta malice
De m'asservir sous ombre de service?   10
Pardonne-moi, ami, à cette fois,
Étant outrée et de dépit et d'ire;
Mais je m'assure,[1] quelque part que tu sois,
Qu'autant que moi tu souffres de martyre.

[1] The line is not hypermetric; in this period, the mute *e* at the cesura did not have to be counted (the so-called "epic cesura").

XXIV

Ne reprenez, dames, si j'ai aimé,   15
Si j'ai senti mille torches ardentes,
Mille travaux, mille douleurs mordantes;
Si en pleurant j'ai mon temps consumé,
Las! que mon nom n'en soit par vous blâmé!
Si j'ai failli, les peines sont présentes;   20
N'aigrissez point leurs pointes violentes.
Mais estimez qu'Amour, à point nommé,
Sans votre ardeur d'un Vulcan[1] excuser,
Sans la beauté d'Adonis[2] accuser,
Pourra, s'il veut, plus vous rendre amoureuses;   25
En ayant moins que moi d'occasion
Et plus d'étrange et forte passion.
Et gardez-vous d'être plus malheureuses.

[1] Roman god of fire.
[2] Traditional Greek symbol of masculine beauty.

JOACHIM DU BELLAY

Illness, bitter disappointment, and an early death seem to have been the distinguishing features of the life of Joachim du Bellay, the first among the poets here studied to belong to the group of young experimenters known as the "Pléiade." This group, in the years around 1550, set out with the avowed purpose of writing, in French, poetry as great and as beautiful as that of the Greco-Roman tradition. They took Greek, Latin, and some Italian poetry as their models. Their reform was to be linguistic first (as outlined in Du Bellay's *Défense et Illustration de la langue française*), then literary. It was to be based on firm erudition and on hard work, on a willful break with the French past, and on a seeking for new modes of expression in the mother tongue. For their contemporaries, they represented the "new poetry," and their fame spread rapidly through France and the rest of Europe. Unfortunately, they fell into disrepute with the advent of the French Classical school, and it was not until the coming of the Romantics, in the early nineteenth century, that the Pléiade poets were returned to the place they merit in the history of French poetry.

Du Bellay was born, of an illustrious noble family, at the Château de la Turmelière (in Anjou) in 1522. While he was a child both his parents died, and his education was neglected. He was early tonsured—a practice common for younger sons of the nobility—which meant that he would later be eligible for ecclesiastical appointments and benefices. It was around 1545, while he was studying law at Poitiers, that he wrote his first verses, in imitation of Marot; a year later, after a meeting with Jacques Peletier du Mans, he decided to go to Paris, where Pierre de Ronsard and Jean-Antoine de Baïf were studying the Greek and Latin classics under the tutelage of Jean Dorat. The first fruits of that association were a series of volumes published in 1549: the *Défense et Illustration de la langue française*, the manifesto of the literary hopes of the group of young ex-

42

perimenters; *L'Olive*, a collection of sonnets which did much
to popularize the Petrarchan and Platonist fashion in France;
the *Vers lyriques*; and the *Recueil*. The latter volumes showed
a strong Italian influence. They were followed in 1550 by the
Musagnoeomachie and in 1552 by the *XIII Sonnets de l'honnête
amour*, written under the influence of Pontus de Tyard. It was
during these years that Du Bellay contracted the grave illness
that marked the beginnings of his deafness. In 1553, in the
capacity of secretary, he accompanied his cousin, Cardinal
Jean du Bellay, to Rome, where he remained until August,
1557. During the years in Rome he associated with the Italian
humanists and intellectuals, became familiar with the ancient
and the modern city. He wrote a great deal while he was there,
giving expression to his nostalgia for France, to his disillu-
sionment with modern Rome, to his love for a certain Faustine
(celebrated in Latin verses). These writings were published
in 1558 in four volumes, the *Antiquités de Rome*, the *Regrets*,
the *Jeux rustiques*, and the *Poemata*. After his return to France,
increasing illness and legal difficulties embittered his last years,
and some of that bitterness is embodied in the *Poète courtisan*
(1559). Du Bellay died in Paris on January 1, 1560, and was
buried in Notre-Dame.

Although his writings comprise a wide variety of subjects
and emotions, from the biting satire devoted to the courtier
poets, through the mixed feelings of the Roman period, to the
love songs addressed to Olive, they are all marked by an intense
personal lyricism. Du Bellay avoids complication, achieves a
simple and orderly presentation which makes the emotional
effect unambiguous. His poems have a clarity and a harmo-
niousness which are in the best French tradition. Yet they are
not superficial, and especially in many of his sonnets the per-
fection of form is a medium for the creation of deep lyrical
impressions.

READINGS

Francis Ambrière, *Joachim du Bellay*, Paris, Firmin-Didot, 1930.
Henri Chamard, *Histoire de la Pléiade*, Paris, Didier, 1939-40,
    4 volumes. (This work, listed for Du Bellay, should be consid-

ered and consulted as the authoritative source on all the poets of the Pléiade.)

Henri Chamard, *Joachim du Bellay, 1522-1560*, Lille, L'Université, 1900.

Henri Gambier, *Italie et Renaissance poétique en France*, Padua, Cedam, 1936.

V.-L. Saulnier, *Du Bellay, l'homme et l'œuvre*, Paris, Boivin, 1951.

L'OLIVE

Tout ce qu'ici la nature environne,
Plus tôt il naît, moins longuement il dure.
Le gai printemps s'enrichit de verdure,
Mais peu fleurit l'honneur de sa couronne.
L'ire du ciel facilement étonne   5
Les fruits d'été, qui craignent la froidure;
Contre l'hiver ont l'écorce plus dure
Les fruits tardifs, ornement de l'automne.
De ton printemps les fleurettes séchées
Seront un jour de leur tige arrachées,   10
Non la vertu, l'esprit et la raison:
A ces doux fruits, en toi mûrs devant l'âge,
Ne fait l'été ni l'automne dommage,
Ni la rigueur de la froide saison.

NOTE: Basic text for Du Bellay, ed. H. Chamard, *Œuvres poétiques*,
Paris, 1908-1931, 6 volumes. For *L'Olive*, the text is that of 1550; the
sonnets included are found under the numbers indicated in Cham. I.

CXII

Dedans le clos des occultes Idées,   15
Au grand troupeau des âmes immortelles,
Le Prévoyant a choisi les plus belles
Pour être à lui par lui-même guidées.
Lors peu à peu devers le ciel guindées
Dessus l'engin de leurs divines ailes,   20
Volent au sein des beautés éternelles
Où elles sont de tout vice émondées.
Le Juste seul ses élus justifie,
Les réanime en leur première vie
Et à son Fils les fait quasi égaux.   25
Si donc le ciel est leur propre héritage,
Qui les pourra frauder de leur partage
Au point qui est l'extrême de tous maux?

CXIII

Si notre vie est moins qu'une journée
En l'éternel; si l'an qui fait le tour
Chasse nos jours sans espoir de retour;
Si périssable est toute chose née,
Que songes-tu, mon âme emprisonnée?   5
Pourquoi te plaît l'obscur de notre jour,
Si pour voler en un plus clair séjour
Tu as au dos l'aile bien empennée?
Là est le bien que tout esprit désire,
Là le repos où tout le monde aspire,   10
Là est l'amour, là le plaisir encore.
Là, ô mon âme, au plus haut ciel guidée,
Tu y pourras reconnaître l'Idée
De la beauté qu'en ce monde j'adore.

LES ANTIQUITÉS DE ROME[1]

II

Le Babylonien ses hauts murs vantera[2]   15
Et ses vergers en l'air; de son Éphésienne
La Grèce décrira la fabrique ancienne,
Et le peuple du Nil ses pointes chantera;
La même Grèce encor vanteuse publiera
De son grand Jupiter l'image Olympienne;   20
Le Mausole sera la gloire Carienne,
Et son vieux Labyrinth la Crète n'oubliera;
L'antique Rhodien élèvera la gloire
De son fameux Colosse au temple de mémoire;
Et si quelque œuvre encor digne se peut vanter   25
De marcher en ce rang, quelque plus grand faconde
Le dira. Quant à moi, pour tous je veux chanter
Les sept coteaux romains, sept miracles du monde.

[1] *Les Antiquités de Rome*. The text is that of 1558, second printing.
The sonnets included are found in Cham. II.
[2] The sonnet mentions the seven wonders of the ancient world in

the following order: (1) the hanging gardens of Babylon; (2) the temple of Diana at Ephesus; (3) the Pyramids; (4) the statue of Jupiter at Olympia; (5) the Mausoleum at Halicarnassus (in Caria); (6) the Labyrinth of Crete; and (7) the Colossus of Rhodes.

III

Nouveau venu, qui cherches Rome en Rome
Et rien de Rome en Rome n'aperçois,
Ces vieux palais, ces vieux arcs que tu vois
Et ces vieux murs, c'est ce que Rome on nomme.
Vois quel orgueil, quelle ruine, et comme   5
Celle qui mit le monde sous ses lois
Pour dompter tout, se dompta quelquefois
Et devint proie au temps, qui tout consomme.
Rome de Rome est le seul monument,
Et Rome Rome a vaincu seulement.   10
Le Tibre seul, qui vers la mer s'enfuit,
Reste de Rome. O mondaine inconstance!
Ce qui est ferme est par le temps détruit,
Et ce qui fuit, au temps fait résistance.

V

Qui voudra voir tout ce qu'ont pu nature,   15
L'art et le ciel, Rome, te vienne voir;
J'entends s'il peut ta grandeur concevoir
Par ce qui n'est que ta morte peinture.
Rome n'est plus, et si l'architecture
Quelque ombre encor de Rome fait revoir,   20
C'est comme un corps par magique savoir
Tiré de nuit hors de sa sépulture.
Le corps de Rome en cendre est dévalé
Et son esprit rejoindre s'est allé
Au grand esprit de cette masse ronde.   25
Mais ses écrits, qui son los le plus beau
Malgré le temps arrachent du tombeau,
Font son idole errer parmi le monde.

VI

Telle que dans son char la Bérécynthienne,[1]
Couronnée de tours et joyeuse d'avoir   30
Enfanté tant de dieux, telle se faisait voir
En ses jours plus heureux cette ville ancienne;

Cette ville, qui fut plus que la Phrygienne
Foisonnante en enfants, et de qui le pouvoir
Fut le pouvoir du monde, et ne se peut revoir
Pareille à sa grandeur grandeur sinon la sienne.
Rome seule pouvait à Rome ressembler,   5
Rome seule pouvait Rome faire trembler.
Aussi n'avait permis l'ordonnance fatale
Qu'autre pouvoir humain, tant fût audacieux,
Se vantât d'égaler celle qui fit égale
Sa puissance à la terre et son courage aux cieux.   10

¹ Cybele, a Berecynthian (Phrygian) goddess, called the "great mother."

VII

Sacrés coteaux et vous, saintes ruines,
Qui le seul nom de Rome retenez,
Vieux monuments qui encor soutenez
L'honneur poudreux de tant d'âmes divines;
Arcs triomphaux, pointes du ciel voisines,   15
Qui de vous voir le ciel même étonnez,
Las! peu à peu cendre vous devenez,
Fable du peuple et publiques rapines.
Et bien qu'au temps pour un temps fassent guerre
Les bâtiments, si est-ce que le temps   20
Œuvres et noms finablement atterre.
Tristes désirs, vivez donques contents;
Car si le temps finit chose si dure,
Il finira la peine que j'endure.

XII

Tels que l'on vit jadis les enfants de la Terre,¹   25
Plantés dessus les monts pour écheller les cieux,
Combattre main à main la puissance des dieux,
Et Jupiter contre eux, qui ses foudres desserre;
Puis tout soudainement renversés du tonnerre
Tomber deçà delà ces squadrons furieux,   30
La Terre gémissante, et le Ciel glorieux
D'avoir à son honneur achevé cette guerre;
Tel encor on a vu par-dessus les humains
Le front audacieux des sept coteaux Romains

Lever contre le ciel son orgueilleuse face,
Et tels ores on voit ces champs déshonorés
Regretter leur ruine, et les dieux assurés
Ne craindre plus là-haut si effroyable audace.

[1] Allusion to the battle of the giants, sons of Gaea (Earth), against the gods.

XVI

Comme l'on voit de loin sur la mer courroucée   5
Une montagne d'eau d'un grand branle ondoyant,
Puis traînant mille flots, d'un gros choc aboyant
Se crever contre un roc où le vent l'a poussée;
Comme on voit la fureur par l'aquilon chassée
D'un sifflement aigu l'orage tournoyant,   10
Puis d'une aile plus large en l'air s'ébanoyant
Arrêter tout à coup sa carrière lassée;
Et comme on voit la flamme ondoyant en cent lieux
Se rassemblant en un, s'aguiser[1] vers les cieux,
Puis tomber languissante; ainsi parmi le monde   15
Erra la Monarchie, et croissant tout ainsi
Qu'un flot, qu'un vent, qu'un feu, sa course vagabonde,
Par un arrêt fatal s'est venue perdre ici.[2]

[1] *S'aiguiser.*
[2] The line is not hypermetric, *venue* counting as only two syllables. Sometimes in the sixteenth century mute -*e* after an accented vowel was not counted.

XXVIII

Qui a vu quelquefois un grand chêne asséché
Qui pour son ornement quelque trophée porte   20
Lever encor au ciel sa vieille tête morte,
Dont le pied fermement n'est en terre fiché,
Mais qui dessus le champ plus qu'à demi penché
Montre ses bras tous nus et sa racine torte,
Et sans feuille ombrageux, de son poids se supporte   25
Sur son tronc nouailleux en cent lieux ébranché;
Et bien qu'au premier vent il doive sa ruine,
Et maint jeune à l'entour ait ferme la racine,

Du dévot populaire être seul révéré;
Qui tel chêne a pu voir, qu'il imagine encores
Comme entre les cités qui plus florissent ores,
Ce vieil honneur poudreux est le plus honoré.

LES REGRETS[1]

IV

Je ne veux feuilleter les exemplaires grecs,　　　　　　5
Je ne veux retracer les beaux traits d'un Horace,
Et moins veux-je imiter d'un Pétrarque la grâce
Ou la voix d'un Ronsard, pour chanter mes *Regrets*.
Ceux qui sont de Phébus[2] vrais poètes sacrés
Animeront leurs vers d'une plus grand audace;　　　　10
Moi, qui suis agité d'une fureur plus basse,
Je n'entre si avant en si profonds secrets.
Je me contenterai de simplement écrire
Ce que la passion seulement me fait dire,
Sans rechercher ailleurs plus graves arguments.　　　15
Aussi n'ai-je entrepris d'imiter en ce livre
Ceux qui par leurs écrits se vantent de revivre
Et se tirer tous vifs dehors des monuments.

[1] *Les Regrets*. The text is that of 1558-59, second printing. The sonnets included are found in Cham. II.
[2] Phoebus Apollo, god of poetry.

IX

France, mère des arts, des armes et des lois,
Tu m'as nourri longtemps du lait de ta mamelle;　　20
Ores, comme un agneau qui sa nourrice appelle,
Je remplis de ton nom les antres et les bois.
Si tu m'as pour enfant avoué quelquefois,
Que ne me réponds-tu maintenant, ô cruelle?
France, France, réponds à ma triste querelle.　　　25
Mais nul, sinon Echo, ne répond à ma voix.

Entre les loups cruels j'erre parmi la plaine,
Je sens venir l'hiver, de qui la froide haleine
D'une tremblante horreur fait hérisser ma peau.
Las! tes autres agneaux n'ont faute de pâture,
Ils ne craignent le loup, le vent ni la froidure.   5
Si ne suis-je pourtant le pire du troupeau.

XIII

Maintenant je pardonne à la douce fureur[1]
Qui m'a fait consumer le meilleur de mon âge
Sans tirer autre fruit de mon ingrat ouvrage
Que le vain passetemps d'une si longue erreur.   10
Maintenant je pardonne à ce plaisant labeur
Puisque seul il endort le souci qui m'outrage,
Et puisque seul il fait qu'au milieu de l'orage,
Ainsi qu'auparavant, je ne tremble de peur.
Si les vers ont été l'abus de ma jeunesse,   15
Les vers seront aussi l'appui de ma vieillesse.
S'ils furent ma folie, ils seront ma raison,
S'ils furent ma blessure, ils seront mon Achille,[2]
S'ils furent mon venin, le scorpion utile
Qui sera de mon mal la seule guérison.[3]   20

[1] The "poetic furor."
[2] According to the legend told of the Trojan hero Telephus, only
Achilles' lance, which had wounded him, could cure him.
[3] Application of a scorpion to a wound was supposed to heal it.

XIX[1]

Cependant que tu dis ta Cassandre[2] divine,
Les louanges du roi et l'héritier d'Hector[3]
Et ce Montmorency,[4] notre français Nestor,[5]
Et que de sa faveur Henri[6] t'estime digne,
Je me pourmène seul sur la rive latine,   25
La France regrettant et regrettant encor
Mes antiques amis, mon plus riche trésor,
Et le plaisant séjour de ma terre angevine.
Je regrette les bois et les champs blondissants,
Les vignes, les jardins, et les prés verdissants   30

Que mon fleuve traverse; ici pour récompense
Ne voyant que l'orgueil de ces monceaux pierreux
Où me tient attaché d'un espoir malheureux
Ce que possède moins celui qui plus y pense.[7]

[1] Du Bellay is addressing Ronsard.
[2] Ronsard's first inspiration.
[3] Francus, hero of Ronsard's *Franciade*, for which the plan had been drawn up in 1550.
[4] Anne de Montmorency, connétable de France.
[5] King of Pylos, wisest of the Greek chieftains.
[6] Henri II, king of France since 1547.
[7] The whole of the last line is the subject of *tient* in the preceding line. The allusion, which is enigmatic, seems to be to some such abstract quality as fortune or happiness, the hope for which has not been realized.

XX

Heureux de qui la mort de sa gloire est suivie,
Et plus heureux celui dont l'immortalité
Ne prend commencement de la postérité,
Mais devant que la mort ait son âme ravie.
Tu jouis, mon Ronsard, même durant ta vie,
De l'immortel honneur que tu as mérité;   1
Et devant que mourir (rare félicité!)
Ton heureuse vertu triomphe de l'envie.
Courage donc, Ronsard, la victoire est à toi
Puisque de ton côté est la faveur du Roi.
Jà du laurier vainqueur tes temples se couronnent   1
Et jà la tourbe épaisse à l'entour de ton flanc
Ressemble ces esprits qui là-bas environnent
Le grand prêtre de Thrace[1] au long sourpelis blanc.

[1] Orpheus.

XXIX

Je hais plus que la mort un jeune casanier
Qui ne sort jamais hors, sinon aux jours de fête,   2
Et craignant plus le jour qu'une sauvage bête
Se fait en sa maison lui-même prisonnier.

Mais je ne puis aimer un vieillard voyager
Qui court deçà delà et jamais ne s'arrête,
Ains des pieds moins léger que léger de la tête,
Ne séjourne jamais non plus qu'un messager.
L'un sans se travailler en sûreté demeure,   5
L'autre, qui n'a repos jusques à tant qu'il meure,
Traverse nuit et jour mille lieux dangereux;
L'un passe riche et sot heureusement sa vie,
L'autre, plus souffreteux qu'un pauvre qui mendie,
S'acquiert en voyageant un savoir malheureux.   10

XXXI

Heureux qui, comme Ulysse, a fait un beau voyage,[1]
Ou comme cestui-là qui conquit la toison
Et puis est retourné, plein d'usage et raison,
Vivre entre ses parents le reste de son âge!
Quand revoirai-je, hélas! de mon petit village   15
Fumer la cheminée, et en quelle saison
Revoirai-je le clos de ma pauvre maison,
Qui m'est une province et beaucoup davantage?
Plus me plaît le séjour qu'ont bâti mes aïeux
Que des palais romains le front audacieux;   20
Plus que le marbre dur me plaît l'ardoise fine,
Plus mon Loire gaulois que le Tibre latin,
Plus mon petit Liré[2] que le mont Palatin,[3]
Et plus que l'air marin la douceur angevine.

[1] The voyages of Ulysses as related in the *Odyssey*.
[2] The village on the Loire where Du Bellay was born.
[3] One of the seven hills of Rome.

XXXII

«Je me ferai savant en la philosophie,   25
En la mathématique et médicine aussi;
Je me ferai légiste, et d'un plus haut souci
Apprendrai les secrets de la théologie;
Du luth et du pinceau j'ébatterai ma vie,
De l'escrime et du bal.» Je discourais ainsi   30
Et me vantais en moi d'apprendre tout ceci,
Quand je changeai la France au séjour d'Italie.

O beaux discours humains! Je suis venu si loin
Pour m'enrichir d'ennui, de vieillesse et de soin,
Et perdre en voyageant le meilleur de mon âge.
Ainsi le marinier souvent pour tout trésor
Rapporte des harengs en lieu de lingots d'or,   5
Ayant fait, comme moi, un malheureux voyage.

XXXVIII

O! qu'heureux est celui qui peut passer son âge
Entre pareils à soi, et qui, sans fiction,
Sans crainte, sans envie et sans ambition,
Règne paisiblement en son pauvre ménage!   10
Le misérable soin d'acquérir davantage
Ne tyrannise point sa libre affection,
Et son plus grand désir, désir sans passion,
Ne s'étend plus avant que son propre héritage.
Il ne s'empêche point des affaires d'autrui,   15
Son principal espoir ne dépend que de lui,
Il est sa cour, son roi, sa faveur et son maître.
Il ne mange son bien en pays étranger,
Il ne met pour autrui sa personne en danger,
Et plus riche qu'il est ne voudrait jamais être.   20

LXVIII

Je hais du Florentin l'usurière avarice,
Je hais du fol Siennois le sens mal arrêté,
Je hais du Genevois la rare vérité
Et du Vénétien la trop caute malice.
Je hais le Ferrarais pour je ne sais quel vice,   25
Je hais tous les Lombards pour l'infidélité,
Le fier Napolitain pour sa grand vanité
Et le poltron Romain pour son peu d'exercice.
Je hais l'Anglais mutin et le brave Écossais,
Le traître Bourguignon et l'indiscret Français,   30
Le superbe Espagnol et l'ivrogne Tudesque.
Bref, je hais quelque vice en chaque nation,
Je hais moi-même encor mon imperfection,
Mais je hais par surtout un savoir pédantesque.

LXXXV

Flatter un créditeur pour son terme allonger,[1]
Courtiser un banquier, donner bonne espérance,[2]
Ne suivre en son parler la liberté de France
Et pour répondre un mot un quart d'heure y songer;
Ne gâter sa santé par trop boire et manger,   5
Ne faire sans propos une folle dépense,
Ne dire à tous venants tout cela que l'on pense
Et d'un maigre discours gouverner l'étranger;
Connaître les humeurs, connaître qui demande,
Et d'autant que l'on a la liberté plus grande,   10
D'autant plus se garder que l'on ne soit repris;
Vivre aveques chacun, de chacun faire conte:
Voilà, mon cher Morel[3] (dont je rougis de honte),
Tout le bien qu'en trois ans à Rome j'ai appris.

[1] To postpone payment date.
[2] Of future wealth and ability to pay.
[3] Jean Morel d'Embrun, to whom a number of the sonnets were addressed; a close friend of Du Bellay's.

CXI[1]

Je n'ai jamais pensé que cette voûte ronde[2]   15
Couvrît rien de constant; mais je veux désormais,
Je veux, mon cher Morel,[3] croire plus que jamais
Que dessous ce grand Tout rien ferme ne se fonde,
Puisque celui qui fut de la terre et de l'onde
Le tonnerre et l'effroi, las de porter le faix,   20
Veut d'un cloître borner la grandeur de ses faits,
Et pour servir à Dieu abandonner le monde.[4]
Mais quoi? que dirons-nous de cet autre vieillard,
Lequel ayant passé son âge plus gaillard
Au service de Dieu, ores César imite?[5]   25
Je ne sais qui des deux est le moins abusé;
Mais je pense, Morel, qu'il est fort malaisé
Que l'un soit bon guerrier ni l'autre bon hermite.

[1] Text of 1558, first edition.
[2] The heavens.
[3] Cf. note 3 to preceding sonnet.

[4] Charles V, who in 1555-57 abdicated his kingdoms and the Empire and retired to the monastery of St. Just.

[5] Pope Paul IV, who at the age of 79 (1555) undertook a war against Spain.

CXXXV

La terre y[1] est fertile, amples les édifices,
Les poêles bigarrés et les chambres de bois,
La police immuable, immuables les lois,
Et le peuple ennemi de forfaits et de vices.
Ils boivent nuit et jour en Bretons et Suisses,   5
Ils sont gras et refaits et mangent plus que trois :
Voilà les compagnons et correcteurs des rois,
Que le bon Rabelais a surnommés Saucisses.[2]
Ils n'ont jamais changé leurs habits et façons,
Ils hurlent comme chiens leurs barbares chansons,   10
Ils comptent à leur mode[3] et de tout se font croire.
Ils ont force beaux lacs et force sources d'eau,
Force prés, force bois. J'ai du reste, Belleau,[4]
Perdu le souvenir, tant ils me firent boire.

[1] In Switzerland.
[2] Rabelais, Book IV, Chapter xxxviii.
[3] An allusion to the special currency of the Swiss.
[4] Remy Belleau, one of the poets of the Pléiade.

CXLIX

Vous dites, courtisans: «Les poètes sont fous,»   15
Et dites vérité; mais aussi dire j'ose
Que tels que vous soyez, vous tenez quelque chose
De cette douce humeur qui est commune à tous.
Mais celle-là, Messieurs, qui domine sur vous
En autres actions diversement s'expose;   20
Nous sommes fous en rime et vous l'êtes en prose,
C'est le seul différent qu'est entre vous et nous.
Vrai est que vous avez la cour plus favorable,
Mais aussi n'avez-vous un renom si durable.
Vous avez plus d'honneurs, et nous moins de souci.   25
Si vous riez de nous, nous faisons la pareille :
Mais cela qui se dit s'envole par l'oreille,
Et cela qui s'écrit ne se perd pas ainsi.

CLXXIX

Voyant l'ambition, l'envie et l'avarice,
La rancune, l'orgueil, le désir aveuglé
Dont cet âge de fer de vices tout rouglé
A violé l'honneur de l'antique justice;
Voyant d'une part la fraude, la malice,   5
Le procès immortel, le droit mal conseillé,
Et voyant au milieu du vice déréglé
Cette royale fleur qui ne tient rien du vice,
Il me semble, Dorat,[1] voir au ciel revolés
Des antiques vertus les escadrons ailés,   10
N'ayant rien délaissé de leur saison dorée
Pour réduire le monde à son premier printemps
Fors cette Marguerite,[2] honneur de notre temps,
Qui, comme l'espérance, est seule demeurée.[3]

[1] Jean Dorat, teacher of Du Bellay, Ronsard, and Baïf, wrote verse in French and in Latin.
[2] Marguerite de France, duchesse de Berry, a patron of Du Bellay. She was much admired by poets of the time.
[3] After Epimetheus opened the box brought to earth by Pandora, all the evils escaped; only hope remained at the bottom of the box.

CLXXXI

Ronsard, j'ai vu l'orgueil des colosses antiques,   15
Les théâtres en rond ouverts de tous côtés,
Les colonnes, les arcs, les hauts temples voûtés
Et les sommets pointus des carrés obélisques.
J'ai vu des empereurs les grands thermes publiques,
J'ai vu leurs monuments que le temps a domptés,   20
J'ai vu leurs beaux palais que l'herbe a surmontés
Et des vieux murs romains les poudreuses reliques.
Bref, j'ai vu tout cela que Rome a de nouveau,
De rare, d'excellent, de superbe et de beau,
Mais je n'y ai point vu encore si grand chose   25
Que cette Marguerite,[1] où semble que les cieux,
Pour effacer l'honneur de tous les siècles vieux,
De leurs plus beaux présents ont l'excellence enclose.

[1] See the preceding sonnet.

LES AMOURS[1]

XX

Je ne souhaite point me pouvoir transformer,
Comme fit Jupiter, en pluie jaunissante,[2]
Pour écouler en vous d'une trace glissante
Cet ardeur qui me fait en cendres consommer.
L'or peut un huis de fer, ce dit-on, défermer   5
Et sa force est trop plus que la foudre puissante;
Sa force dompte tout. Mais elle est languissante
Contre un cœur qui pour l'or n'est appris à aimer.
Je souhaite plutôt pour voir ce beau visage,
Où le ciel a posé son plus parfait ouvrage,   10
L'anneau qui fit en roi transformer un berger.[3]
Car je ne voudrais pas, vous ayant favorable,
Changer ma pauvreté en un sceptre honorable,
Non pas mêmes au ciel ma fortune changer.

[1] *Les Amours*, XX (1568); Cham. II, 246.
[2] Jupiter had disguised himself as a rain of gold in order to seduce Danaë.
[3] Gyges, who through the use of a ring which made him invisible ultimately became king of Lydia.

DIVERS JEUX RUSTIQUES[1]

III

D'UN VANNEUR DE BLÉ, AUX VENTS

A vous, troupe légère,   15
Qui d'aile passagère
Par le monde volez,
Et d'un sifflant murmure
L'ombrageuse verdure
Doucement ébranlez,   20

J'offre ces violettes,
Ces lis et ces fleurettes
Et ces roses ici,
Ces vermeillettes roses
Tout fraîchement écloses,   5
Et ces œillets aussi.

De votre douce haleine
Éventez cette plaine,
Éventez ce séjour;
Cependant que j'ahanne   10
A mon blé que je vanne
A la chaleur du jour.

¹ *Divers jeux rustiques*. Text of 1558. Cham. V.

XX

CONTRE LES PÉTRARQUISTES¹

J'ai oublié l'art de pétrarquiser,
Je veux d'amour franchement deviser
Sans vous flatter et sans me déguiser;   15
      Ceux qui font tant de plaintes
N'ont pas le quart d'une vraie amitié,
Et n'ont pas tant de peine la moitié
Comme leurs yeux, pour vous faire pitié,
      Jettent de larmes feintes.   20

Ce n'est que feu de leurs froides chaleurs,
Ce n'est qu'horreur de leurs feintes douleurs,
Ce n'est encor de leurs soupirs et pleurs
      Que vents, pluie et orages;
En bref, ce n'est à ouïr leurs chansons   25
De leurs amours que flammes et glaçons,
Flèches, liens, et mille autres façons
      De semblables outrages.

De vos beautés, ce n'est que tout fin or,
Perles, cristal, marbre et ivoire encor,   30
Et tout l'honneur de l'indique trésor,

Fleurs, lis, œillets et roses;
De vos douceurs ce n'est que sucre et miel,
De vos rigueurs n'est qu'aloès et fiel,
De vos esprits, c'est tout ce que le ciel
        Tient de grâces encloses.

Puis tout soudain ils vous font mille torts,
Disant que voir vos blonds cheveux retors,
Vos yeux archers, auteurs de mille morts,
        Et la forme excellente
De ce que peut l'accoutrement couver,
Diane en l'onde il vaudrait mieux trouver,[2]
Ou voir Méduse[3], ou au cours s'éprouver
        Avecques Atalante.[4]

S'il faut parler de votre jour natal,
Votre ascendant heureusement fatal
De votre chef écarta tout le mal
        Qui aux humains peut nuire.
Quant au trépas, sa'vous[5] quand ce sera
Que votre esprit le monde laissera?
Ce sera lorsque là-haut on voira
        Un nouvel astre luire.

Si pour sembler autre que je ne suis
Je me plaisais à masquer mes ennuis,
J'irais au fond des éternelles nuits
        Plein d'horreur inhumaine;
Là d'un Sisyphe[6] et là d'un Ixion[7]
J'éprouverais toute l'affliction
Et l'estomac qui pour punition
        Vit et meurt à sa peine.[8]

De vos beautés sa'vous que j'en dirais?
De vos deux yeux deux astres je ferais,
Vos blonds cheveux en or je changerais
        Et vos mains en ivoire.
Quant est du teint, je le peindrais trop mieux
Que le matin ne colore les cieux.
Bref, vous seriez belles comme les dieux,
        Si vous me vouliez croire.

Mais cet Enfer de vaines passions,
Ce Paradis de belles fictions,
Déguisements de nos affections,
  Ce sont peintures vaines
Qui donnent plus de plaisir aux lisants   5
Que vos beautés à tous vos courtisans
Et qu'au plus fol de tous ces bien-disants
  Vous ne donnez de peines.

Vos beautés donc leur servent d'arguments,
Et ne leur faut de meilleurs instruments   10
Pour les tirer tous vifs des monuments;[9]
  Aussi comme je pense,
Sans qu'autrement vous les récompensez
De tant d'ennuis mieux écrits que pensés,
Amour les a de peine dispensés,   15
  Et vous de récompense.

Si je n'ai peint les miens dessus le front
Et les assauts que vos beautés me font,
Si sont-ils bien gravés au plus profond
  De ma volonté franche;   20
Non comme un tas de vains admirateurs
Qui font ainsi par leurs soupirs menteurs
Et par leurs vers honteusement flatteurs
  Rougir la carte blanche.

Il n'y a roc qui n'entende leur voix,   25
Leurs piteux cris ont fait cent mille fois
Pleurer les monts, les plaines et les bois,
  Les antres et fontaines;
Bref, il n'y a ni solitaires lieux
Ni lieux hantés, voire mêmes les cieux,   30
Qui çà et là ne montrent à leurs yeux
  L'image de leurs peines.

Cestui-là porte en son cœur fluctueux
De l'Océan les flots tumultueux,
Cestui l'horreur des vents impétueux   35
  Sortant de leur caverne;
L'un d'un Caucase[10] et Montgibel[11] se plaint,
L'autre en veillant plus de songes se peint
Qu'il n'en fut onc en cet orme qu'on feint
  En la fosse d'Averne.[12]   40

Qui contrefait ce Tantale mourant
Brûlé de soif au milieu d'un torrent;[13]
Qui repaissant un aigle dévorant
    S'accoutre en Prométhée;[14]
Et qui encor par un plus chaste vœu,   5
En se brûlant, veut Hercule être veu,[15]
Mais qui se mue en eau, air, terre et feu,
    Comme un second Protée.[16]

L'un meurt de froid et l'autre meurt de chaud,
L'un vole bas et l'autre vole haut,   10
L'un est chétif, l'autre a ce qu'il lui faut,
    L'un sur l'esprit se fonde,
L'autre s'arrête à la beauté du corps;
On ne vit onc si horribles discords
En ce chaos qui troublait les accords   15
    Dont fut bâti le monde.

Quelque autre après, ayant subtilement
Trouvé l'accord de chacun élément,
Façonne un rond tendant également
    Au centre de son âme;   20
Son firmament est peint sur un beau front,
Tous ses désirs sont balancés en rond,
Son pôle Artiq et Antartiq, ce sont
    Les beaux yeux de sa dame.

Cestui, voulant plus simplement aimer,   25
Veut un Properce et Ovide exprimer
Et voudrait bien encor se transformer
    En l'esprit d'un Tibulle;
Mais cestui-là, comme un Pétrarque ardent,
Va son amour et son style fardant;   30
Cet autre après va le sien mignardant
    Comme un second Catulle.

Quelque autre encor la terre dédaignant
Va du tiers ciel les secrets enseignant,
Et de l'amour, où il se va baignant,   35
    Tire une quinte essence.
Mais quant à moi, qui plus terrestre suis
Et n'aime rien que ce qu'aimer je puis,
Le plus subtil qu'en amour je poursuis
    S'appelle jouissance.   40

Je ne veux point savoir si l'amitié
Prit du facteur, qui jadis eut pitié
Du pauvre Tout fendu par la moitié,
    Sa céleste origine;
Vous souhaiter autant de bien qu'à moi,   5
Vous estimer autant comme je dois,
Avoir de vous le loyer de ma foi,
    Voilà mon Androgyne.[17]

Nos bons aïeux, qui cet art démenaient,
Pour en parler Pétrarque n'apprenaient,   10
Ains franchement leur dame entretenaient
    Sans fard ou couverture;
Mais aussitôt qu'Amour s'est fait savant,
Lui, qui était Français auparavant,
Est devenu flatteur et décevant   15
    Et de thusque nature.

Si vous trouvez quelque importunité
En mon amour, qui votre humanité
Préfère trop à la divinité
    De vos grâces cachées,   20
Changez ce corps, objet de mon ennui;
Alors je crois que de moi ni d'autrui,
Quelque beauté que l'esprit ait en lui,
    Vous ne serez cherchées.

Et qu'ainsi soit, quand les hivers nuisants   25
Auront séché la fleur de vos beaux ans,
Ridé ce marbre, éteint ces feux luisants,
    Quand vous voirez encore
Ces cheveux d'or en argent se changer,
De ce beau sein l'ivoire s'allonger,   30
Ces lis fanir et de vous s'étranger
    Ce beau teint de l'aurore,

Qui pensez-vous qui vous aille chercher,
Qui vous adore, ou qui daigne toucher
Ce corps divin, que vous tenez tant cher?   35
    Votre beauté passée
Ressemblera un jardin à nos yeux,
Riant naguère aux hommes et aux dieux,
Ores fâchant de son regard les cieux
    Et l'humaine pensée.   40

N'attendez donc que la grand faux du temps
Moissonne ainsi la fleur de vos printemps
Qui rend les dieux et les hommes contents;
    Les ans, qui peu séjournent,
Ne laissent rien que regrets et soupirs,   5
Et empennés de nos meilleurs désirs
Avecques eux emportent nos plaisirs,
    Qui jamais ne retournent.

Je ris souvent, voyant pleurer ces fous,
Qui mille fois voudraient mourir pour vous,   10
Si vous croyez de leur parler si doux
    Le parjure artifice;
Mais quant à moi, sans feindre ni pleurer,
Touchant ce point je vous puis assurer
Que je veux sain et dispos demeurer   15
    Pour vous faire service.

De vos beautés je dirai seulement
Qui si mon œil ne juge follement
Votre beauté est jointe également
    A votre bonne grâce;   20
De mon amour, que mon affection
Est arrivée à la perfection
De ce qu'on peut avoir de passion
    Pour une belle face.

Si toutefois Pétrarque vous plaît mieux,   25
Je reprendrai mon chant mélodieux
Et volerai jusqu'au séjour des dieux
    D'une aile mieux guidée.
Là dans le sein de leurs divinités
Je choisirai cent mille nouveautés,   30
Dont je peindrai vos plus grandes beautés
    Sur la plus belle Idée.

---

[1] A reworking of the earlier *A une Dame* (1553).

[2] Actaeon, who saw Diana bathing, was turned by her into a stag and devoured by his dogs.

[3] Medusa, one of the Gorgons, could turn to stone anyone she looked at.

[4] Atalanta defeated all those who raced against her until outwitted by Hippomenes.

⁵ *Savez-vous?*

⁶ Sisyphus, condemned eternally in Hades to roll a stone to the summit of a mountain, from which it always rolled down again.

⁷ Ixion, condemned eternally in Hades to be attached to a flaming, turning wheel.

⁸ Allusion to Tityus, condemned in Hades to have his liver perpetually gnawed by two vultures, who never succeeded in consuming it.

⁹ I.e., to give them eternal fame through their writings about you.

¹⁰ Prometheus was chained to the Caucasus.

¹¹ Enceladus was buried under Mt. Etna (Mongibel) by Zeus.

¹² Cf. Vergil, *Aeneid*, Book VI, 282-284, where an elm in Avernus (the entrance to Hades) is the home of false dreams, which cling under its leaves.

¹³ Tantalus was condemned to eternal thirst in the midst of a river from which he could not drink.

¹⁴ Prometheus, chained to Mt. Caucasus, was daily visited by an eagle which devoured his liver; it healed again each night.

¹⁵ Hercules burned himself to death to escape the tortures caused by Dejanira's dress.

¹⁶ Proteus, son of Neptune, could change his appearance at will.

¹⁷ This stanza is based on Plato's myth of the Androgyne, *Symposium*, 190-192. The Androgyne was a being of double nature, a man-woman (the *pauvre tout*), later split in two (*fendu*) by Zeus (the *facteur*) when all beings were so divided. The two halves continued to yearn for reunion, and this is the origin of love (*l'amitié*).

LE POÈTE COURTISAN¹

Je ne veux point ici du maître d'Alexandre²
Touchant l'art poétiq' les préceptes t'apprendre.
Tu n'apprendras de moi comment jouer il faut
Les misères des rois dessus un échafaud.³
Je ne t'enseigne l'art de l'humble comédie   5
Ni du Méonien la muse plus hardie;⁴
Bref, je ne montre ici d'un vers Horatien⁵
Les vices et vertus du poème ancien.
Je ne dépeins aussi le poète du Vide :⁶
La cour est mon auteur, mon exemple et ma guide.   10

Je te veux peindre ici, comme un bon artisan,
De toutes ses couleurs l'Apollon[7] courtisan,
Où la longueur surtout il convient que je fuie
Car de tout long ouvrage à la cour on s'ennuie.
    Celui donc qui est né (car il se faut tenter   5
Premier que l'on se vienne à la cour présenter)
A ce gentil métier, il faut que de jeunesse
Aux ruses et façons de la cour il se dresse.
Ce précepte est commun, car qui veut s'avancer
A la cour, de bonne heure il convient commencer.   10
Je ne veux que longtemps à l'étude il pâlisse,
Je ne veux que rêveur sur le livre il vieillisse,
Feuilletant studieux tous les soirs et matins
Les exemplaires grecs et les auteurs latins.
Ces exercices-là font l'homme peu habile,   15
Le rendent catarrheux, maladif et débile,
Solitaire, fâcheux, taciturne et songeard;
Mais notre courtisan est beaucoup plus gaillard.
Pour un vers allonger ses ongles il ne ronge,
Il ne frappe sa table, il ne rêve, il ne songe,   20
Se brouillant le cerveau de pensements divers
Pour tirer de sa tête un misérable vers
Qui ne rapporte, ingrat, qu'une longue risée
Partout où l'ignorance est plus autorisée.
Toi donc qui as choisi le chemin le plus court   25
Pour être mis au rang des savants de la cour,
Sans mâcher le laurier,[8] ni sans prendre la peine
De songer en Parnasse[9] et boire à la fontaine
Que le cheval volant de son pied fit saillir,[10]
Faisant ce que je dis, tu ne pourras faillir.   30
    Je veux en premier lieu que sans suivre la trace
(Comme font quelques-uns) d'un Pindare et Horace,
Et sans vouloir comme eux voler si hautement,
Ton simple naturel tu suives seulement.
Ce procès tant mené et qui encore dure,   35
Lequel des deux vaut mieux, ou l'art, ou la nature,
En matière de vers à la cour est vidé:
Car il suffit ici que tu sois guidé
Par le seul naturel, sans art et sans doctrine,
Fors cet art qui apprend à faire bonne mine.   40
Car un petit sonnet qui n'a rien que le son,
Un dizain à propos ou bien une chanson,
Un rondeau bien troussé avec une ballade

(Du temps qu'elle courait), vaut mieux qu'une *Iliade*.
Laisse-moi donques là ces Latins et Grégeois,
Qui ne servent de rien au poète françois,
Et soit la seule cour ton Virgile et Homère
Puisqu'elle est, comme on dit, des bons esprits la mère.   5
La cour te fournira d'arguments suffisants
Et seras estimé entre les mieux disants,
Non comme ces rêveurs qui rougissent de honte
Fors entre les savants, desquels on ne fait compte.
Or si les grands seigneurs tu veux gratifier,   10
Arguments à propos il te faut épier,
Comme quelque victoire ou quelque ville prise,
Quelque noce ou festin, ou bien quelque entreprise
De masque ou de tournoi; avoir force desseins,
Desquels à cette fin tes coffres seront pleins.   15
Je veux qu'aux grands seigneurs tu donnes des devises,
Je veux que tes chansons en musique soient mises,
Et afin que les grands parlent souvent de toi,
Je veux que l'on les chante en la chambre du Roi.
Un sonnet à propos, un petit épigramme   20
En faveur d'un grand prince ou de quelque grand dame
Ne sera pas mauvais; mais garde-toi d'user
De mots durs ou nouveaux qui puissent amuser
Tant soit peu le lisant. Car la douceur du style
Fait que l'indocte vers aux oreilles distille,   25
Et ne faut s'enquérir s'il est bien ou mal fait,
Car le vers plus coulant est le vers plus parfait.
    Quelque nouveau poète à la cour se présente;
Je veux qu'à l'aborder finement on le tente.
Car s'il est ignorant, tu sauras bien choisir   30
Lieu et temps à propos pour en donner plaisir.
Tu produiras partout cette bête, et en somme,
Aux dépens d'un tel sot tu seras galant homme.
S'il est homme savant, il te faut dextrement
Le mener par le nez, le louer sobrement,   35
Et d'un petit souris et branlement de tête
Devant les grands seigneurs lui faire quelque fête;
Le présenter au Roi, et dire qu'il fait bien
Et qu'il a mérité qu'on lui fasse du bien.
Ainsi tenant toujours ce pauvre homme sous bride,   40
Tu te feras valoir en lui servant de guide;
Et combien que tu sois d'envie époinçonné,
Tu ne seras pour tel toutefois soupçonné.

Je te veux enseigner un autre point notable :
Pource que de la cour l'école c'est la table,
Si tu veux promptement en honneur parvenir,
C'est où plus sagement il te faut maintenir.
Il faut avoir toujours le petit mot pour rire,   5
Il faut des lieux communs qu'à tous propos on tire,
Passer ce qu'on ne sait et se montrer savant
En ce que l'on a lu deux ou trois soirs devant.
Mais qui des grands seigneurs veut acquérir la grâce,
Il ne faut que les vers seulement il embrasse;   10
Il faut d'autres propos son style déguiser
Et ne leur faut toujours des lettres deviser.
Bref, pour être en cet art des premiers de ton âge,
Si tu veux finement jouer ton personnage
Entre les courtisans du savant tu feras,   15
Et entre les savants courtisan tu seras.
      Pour ce te faut choisir matière convenable
Qui rende son auteur aux lecteurs agréable
Et qui de leur plaisir t'apporte quelque fruit.
Encore pourras-tu faire courir le bruit   20
Que si tu n'en avais commandement du Prince
Tu ne l'exposerais aux yeux de ta province,
Ains te contenterais de le tenir secret;
Car ce que tu en fais est à ton grand regret.
Et à la vérité, la ruse coutumière   25
Et la meilleure, c'est rien ne mettre en lumière;
Ains jugeant librement des œuvres d'un chacun
Ne se rendre sujet au jugement d'aucun,
De peur que quelque fol te rende la pareille
S'il gagne comme toi des grands princes l'oreille.   30
Tel était de son temps le premier estimé
Duquel si on eût lu quelque ouvrage imprimé
Il eût renouvelé, peut-être, la risée
De la montaigne enceinte,[11] et sa muse prisée
Si haut auparavant eût perdu, comme on dit,   35
La réputation qu'on lui donne à crédit.
Retiens donques ce point, et si tu m'en veux croire,
Au jugement commun ne hasarde ta gloire.
Mais, sage, sois content du jugement de ceux
Lesquels trouvent tout bon, auxquels plaire tu veux,   40
Qui peuvent t'avancer en états et offices,
Qui te peuvent donner les riches bénéfices,
Non ce vent populaire et ce frivole bruit

Qui de beaucoup de peine apporte peu de fruit.
Ce faisant, tu tiendras le lieu d'un Aristarque[12]
Et entre les savants seras comme un monarque.
Tu seras bien venu entre les grands seigneurs,
Desquels tu recevras les biens et les honneurs   5
Et non la pauvreté, des muses l'héritage,
Laquelle est à ceux-là réservée en partage
Qui, dédaignant la cour, fâcheux et malplaisants,
Pour allonger leur gloire accourcissent leurs ans.

[1] *Le Poète courtisan* (1559); Cham. VI, 129.

[2] Aristotle, whose *Poetics* treats of tragedy, comedy, and the epic.

[3] I.e., the art of tragedy.

[4] The epic muse of Homer, who was supposed to have been born in Maeonia.

[5] Allusion to the *Ars poetica*.

[6] Marco Girolamo Vida, *De Arte poetica*, 1527.

[7] Because of Apollo, god of poetry.

[8] In ancient legend, the chewing of laurel leaves gave inspiration to poets.

[9] Mt. Parnassus, home of Apollo and the muses.

[10] The fountain of Hippocrene on Mt. Helicon, which flowed from a rock struck by the foot of Pegasus.

[11] In Horace's *Ars poetica*, v. 139, the mountain in labor gives birth to a ridiculous mouse.

[12] Traditionally, the severe but judicious critic.

PIERRE DE RONSARD

Pierre de Ronsard, the central figure of the Pléiade group of poets, was born at his family's ancestral home, the Château de la Possonnière (near Vendôme) on September 11, 1524. He spent a brief six months at the Collège de Navarre in Paris around 1533; but his real education was that of a gentleman, as a page in the royal household from 1536-40, serving the children of Francis I. His duties led him to extensive travels, in England, Scotland, and Flanders as well as in France. In 1540 he went with Lazare de Baïf, humanist and poet, to Alsace, where he met many of the Northern humanists, and where unfortunately he contracted the disease which brought on his deafness. In 1543 he was tonsured at Le Mans, where he met Jacques Peletier. After his father's death in 1544 he went to Paris to reside in the home of Baïf, where Jean Dorat was tutor to the young Jean-Antoine de Baïf. Lazare de Baïf died in 1547, and when Jean Dorat became principal of the Collège de Coqueret his two pupils followed him there; they were soon joined by Joachim du Bellay (the Ronsard, Baïf, and Du Bellay families were all related). His love affair with Cassandre Salviati dated from 1545. The decade of the '50's saw his first publications—the *Odes* and *Bocage* in 1550, the *Amours* in 1552, the *Livret de Folâtries* in 1553, the *Mélanges* in 1555, the *Hymnes* in 1555-56, plus various reëditions and continuations of these works. In 1555 he met the second of his inspiring muses, Marie of Bourgueil, for whom the *Amours de Marie* were written From 1560 (when his first collected *Œuvres* appeared) to 1574 he was court poet to Charles IX and a great favorite of the King's, holding various civil and ecclesiastical offices. During these years he published his *Recueil* in 1563, the *Élégies, Mascarades, et Bergerie* and the *Abrégé de l'Art poétique* in 1565, and his ambitious but unsuccessful epic, *La Franciade*, in 1572. The fifth collected edition of his *Œuvres* in 1578 contained several notable additions: the poems *Sur la Mort de Marie* (probably not the same as the first Marie but rather Marie de Clèves, mistress of Henri III), the sonnets for Astrée (who was Françoise d'Estrée, and whom he had loved briefly in 1570), and the famous *Sonnets pour Hélène* (written for Hélène de Surgères, last of his inspirations, ca. 1571). A year before he died he published the collective in-folio edition of his works, indicating to posterity which of his poems he wished to be preserved (1584). He died at Saint-Cosme, one of several country residences, on December 28, 1585, and was buried there.

Ronsard is France's greatest poet of the sixteenth century. He has the greatest "range," in the sense that his works include successful compositions in most of the genres currently practiced and that the variety in tone and effect is very extensive. It was he who most completely transmuted the stuff of ancient and foreign literary traditions into original poems. He had an immediate and sure apprehension of the possibilities of exploitation of the various genres; if he failed in the epic, it was because of an unfortunate choice of subject and an incorrect theoretical conception of the type. His compositions in the shorter forms have a singing quality and a unity of artistic effect which are of the very essence of lyricism. Those in the longer forms—odes, hymns, *poèmes*, discourses—show a capacity for prolonged development and for the integration of more numerous and more diversified elements into admirable artistic wholes.

READINGS

Morris Bishop, *Ronsard, Prince of Poets*, New York, Oxford University Press, 1940.

Pierre Champion, *Ronsard et son temps*, Paris, Champion, 1925.

Gustave Cohen, *Ronsard, sa vie et son œuvre*, Paris, Boivin, 1924 and 1936.

J. J. Jusserand, *Ronsard*, Paris, Hachette, 1913.

Paul Laumonier, *Ronsard poète lyrique*, Paris, Hachette, 1909 and 1923.

D. B. Wyndham Lewis, *Ronsard*, London, Sheed and Ward, 1944.

Pierre de Nolhac, *Ronsard et l'humanisme*, Paris, Champion, 1921.

Pierre de Nolhac, *La Vie amoureuse de Ronsard*, Paris, Flammarion, 1926.

ODES, I

La mercerie que je porte,
Bertrand,[2] est bien d'une autre sorte
Que celle que l'usurier vend
Dedans ses boutiques avares,
Ou celles des Indes barbares   5
Qui enflent l'orgueil du Levant.
   Ma douce navire immortelle
Ne se charge de drogue telle,
Et telle de moi tu n'attends;
Ou si tu l'attends, tu t'abuses: 10
Je suis le trafiqueur des Muses
Et de leurs biens, maîtres du temps.
   Leur marchandise ne s'étale
Au plus offrant dans une halle,
Leur bien en vente n'est point mis   15
Et pour l'or il ne s'abandonne;
Sans plus, libéral[3] je le donne
A qui me plaît de mes amis.
   Reçois donque cette largesse,
Et crois que c'est une richesse   20
Qui par le temps ne s'use pas,
Mais contre le temps elle dure,
Et de siècle en siècle plus dure
Ne donne point aux vers d'appâts.
   L'audacieuse encre d'Alcée[4]   25
Par les ans n'est point effacée,
Et vivent encore les sons
Que l'amante baillait en garde
A sa tortue[5] babillarde,
La compagne de ses chansons.   30
   Mon grand Pindare vit encore,
Et Simonide,[6] et Stesichore,[7]

Sinon en vers au moins par nom,
Et des chansons qu'a voulu dire
Anacréon dessur sa lyre
Le temps n'efface le renom.
    N'as-tu ouï parler d'Énée, 5
D'Achil, d'Ajax, d'Idoménée?[8]
A moi semblables artisans
Ont immortalisé leur gloire,
Et fait allonger la mémoire
De leur nom jusques à nos ans. 10

    Hélène Grecque[9] étant gagnée
D'une perruque bien peignée,
D'un magnifique accoutrement,
Ou d'un roi traînant grande suite,[10]
N'a pas eu la poitrine cuite 15
Seule d'amour premièrement.[11]

    Hector le premier des gendarmes
N'a sué sous le faix des armes,
Fendant les escadrons épais;
Non une fois Troie fut prise; 20
Maint prince a fait mainte entreprise
Devant le camp des deux rois Grecs.

    Mais leur prouesse n'est connue,
Et une oblivieuse nue
Les tient sous un silence étreints; 25
Engloutie est leur vertu haute
Sans renom, pour avoir eu faute
Du secours des poètes saints.

    Mais la mort ne vient impunie
Si elle atteint l'âme garnie 30
Du vers que la Muse a chanté,
Qui pleurant de deuil se tourmente
Quand l'homme aux enfers se lamente
De quoi son nom n'est point vanté.

    Le tien le sera, car ma plume 35
Aime volontiers la coutume
De louer les bons comme toi,
Qui prévois l'un et l'autre terme
Des deux saisons, constant et ferme
Contre leur inconstante foi; 40

    Plein de vertu, pur de tout vice,
Non brûlant après l'avarice

Qui tout attire dans son poing,
Chenu de mœurs, jeune de force,
Ami d'épreuve qui s'efforce
Secourir les siens au besoin.
  Celui qui sur la tête sienne   5
Voit l'épée Sicilienne,[12]
Des douces tables l'appareil
N'irrite sa faim, ni la noise
Du rossignol qui se dégoise
Ne lui ramène le sommeil.   `10
   Mais bien celui qui se contente
Comme toi, la mer il ne tente
Et pour rien tremblant n'a été,
Soit que le blé fausse promesse
Ou que sa vendange se laisse   15
Griller aux flammes de l'été.
   De celui, le bruit du tonnerre
Ni les nouvelles de la guerre
N'ont fait chanceler la vertu;
Non pas d'un roi la fière face   20
Ni des pirates la menace
Ne lui ont le cœur abattu.
   Taisez-vous, ma lyre mignarde,
Taisez-vous, ma lyre jasarde,
Un si haut chant n'est pas pour vous.   25
Retournez louer ma Cassandre[13]
Et dessur votre lyre tendre
Chantez-la d'un fredon plus doux.

NOTE: Basic text for Ronsard, ed. Paul Laumonier, Œuvres
complètes, Paris, 1924-49, volumes I-XIV, "Société des textes français
modernes." For texts not yet included in the Laumonier edition,
ed. Gustave Cohen, Œuvres complètes, 2 volumes, Paris, 1938, "Biblio-
thèque de la Pléiade." Since the Cohen edition is frequently inac-
curate, all texts based upon it have been checked against the 1584
folio edition. For all poems, the text is that of the 1584 edition. Dates
given are those of the first edition.

[1] Odes I, xvi (1550), Laum. I, 138.
[2] Bertrand Berger de Poitiers, a pastoral poet, friend of the Pléiade
group.
[3] Gratis.
[4] Alcaeus, a Greek poet, about 600 B.C.

⁵ Sappho, the poet, sang her songs to the accompaniment of a turtle-shaped lyre.

⁶ Simonides, Greek lyric poet, 6th-5th centuries B.C.

⁷ Stesichorus, Greek lyric poet, 6th century B.C.

⁸ King of Crete, one of the heroes of the Trojan War.

⁹ Helen of Troy.

¹⁰ The attractions by which Paris seduced Helen.

¹¹ I.e., she was not the first woman to love, but the first whose love was made famous in poetry.

¹² The sword of Damocles which, suspended by a hair over his head, reminded him of the insecurity of kings. He was from Syracuse in Sicily.

¹³ See the *Amours de Cassandre* below.

XVII

A SA MAÎTRESSE¹

Mignonne, allons voir si la rose,
Qui ce matin avait déclose²
Sa robe de pourpre au soleil,
A point perdu cette vêprée
Les plis de sa robe pourprée   5
Et son teint au vôtre pareil.
  Las! voyez comme en peu d'espace,
Mignonne, elle a dessus la place,
Las! las! ses beautés laissé choir!
O vraiment marâtre Nature,   10
Puisqu'une telle fleur ne dure
Que du matin jusques au soir!
  Donc si vous me croyez, mignonne,
Tandis que votre âge fleuronne
En sa plus verte nouveauté,   15
Cueillez, cueillez votre jeunesse.
Comme à cette fleur la vieillesse
Fera ternir votre beauté.

¹ *Odes I*, xvii (1553), Laum. V, 196.
² Agrees with the following direct object.

ODES, II

A SA MAÎTRESSE

La lune est coutumière
De naître tous les mois;
Mais quand notre lumière
Est éteinte une fois,
Longuement sans veiller   5
Il nous faut sommeiller.
   Tandis que vivons ores,
Un baiser donnez-moi,
Donnez-m'en mille encores.
Amour n'a point de loi;   10
A sa divinité
Convient l'infinité.
   En vous baisant, maîtresse,
Vous m'avez entamé
La langue chanteresse   15
De votre nom aimé.
Quoi? est-ce là le prix
Du travail qu'elle a pris?
   Elle, par qui vous êtes
Déesse entre les dieux,   20
Qui vos beautés parfaites
Célébrait jusqu'aux cieux,
Ne faisant l'air sinon
Bruire de votre nom.
   De votre belle face,   25
Le beau logis d'Amour,
Où Vénus et la Grâce
Ont choisi leur séjour;
Et de votre œil qui fait
Le soleil moins parfait;   30
   De votre sein d'ivoire,
Par deux ondes secous,
Elle chantait la gloire,
Ne chantant rien que vous;

Maintenant en saignant
De vous se va plaignant.
    Las! de petite chose
Je me deuls sans raison.
La plaie au cœur enclose   5
Me cuit sans guérison,
Que l'Archer² ocieux
M'y tira de vos yeux.

¹ *Odes II*, v (1550), Laum. I, 189.
² Cupid.·

IX¹

O Fontaine Bellerie,²
Belle fontaine chérie   10
De nos nymphes, quand ton eau
Les cache au creux de ta source,
Fuyantes le satyreau
Qui les pourchasse à la course
Jusqu'au bord de ton ruisseau,   15
    Tu es la nymphe éternelle
De ma terre paternelle.
Pour ce, en ce pré verdelet,
Vois ton poète qui t'orne
D'un petit chevreau de lait,³   20
A qui l'une et l'autre corne
Sortent du front nouvelet.
    L'été je dors ou repose
Sus ton herbe, où je compose,
Caché sous tes saules verts,   25
Je ne sais quoi, qui ta gloire
Envoira par l'univers,
Commandant à la mémoire
Que tu vives par mes vers.
    L'ardeur de la canicule   30
Ton vert rivage ne brûle,
Tellement qu'en toutes parts
Ton ombre est épaisse et drue
Aux pasteurs venant des parcs,
Aux bœufs las de la charrue,   35
Et au bestial épars.

PIERRE DE RONSARD

Io![4] tu seras sans cesse
Des fontaines la princesse;
Moi célébrant le conduit
Du rocher percé, qui darde
Avec un enroué bruit   5
L'eau de ta source jasarde
Qui trépillante se suit.

[1] *Odes II*, ix (1550), Laum. I, 203.
[2] A spring on his ancestral estate of La Possonnière.
[3] The poet brings a kid to the spring.
[4] A shout of joy.

X[1]

Fais refraîchir mon vin de sorte
Qu'il passe en froideur un glaçon;
Fais venir Jeanne, qu'elle apporte   10
Son luth pour dire une chanson.
Nous ballerons tous trois au son.
Et dy à Barbe qu'elle vienne,
Les cheveux tors à la façon
D'une folâtre Italienne.   15
Ne vois-tu que le jour se passe?
Je ne vis point au lendemain.
Page, reverse dans ma tasse!
Que ce grand verre soit tout plein.
Maudit soit qui languit en vain!   20
Ces vieux médecins je n'appreuve;
Mon cerveau n'est jamais bien sain
Si beaucoup de vin ne l'abreuve.

[1] *Odes II*, x (1550), Laum. I, 207.

XV

A LA FORÊT DE GASTINE[1]

Couché sous tes ombrages verts,
   Gastine,[2] je te chante,   25
Autant que les Grecs par leurs vers
   La forêt d'Érymanthe.[3]

Car, malin, celer je ne puis
    A la race future
De combien obligé je suis
    A ta belle verdure:

Toi, qui sous l'abri de tes bois   5
    Ravi d'esprit m'amuses;
Toi, qui fais qu'à toutes les fois
    Me répondent les muses;

Toi, par qui de ce méchant soin
    Tout franc je me délivre,   10
Lorsqu'en toi je me perds bien loin,
    Parlant avec un livre.

Tes bocages soient[4] toujours pleins
    D'amoureuses brigades,
De satyres et de sylvains,   15
    La crainte des naïades.

En toi habite désormais
    Des muses le collège,
Et ton bois ne sente jamais
    La flamme sacrilège!   20

[1] *Odes II*, xv (1550), Laum. I, 243.
[2] A forest in the Vendômois, near where Ronsard was born.
[3] A forest in the mountains of Erymanthus (Arcadia) where Hercules captured alive a wild boar, as the fourth of his twelve labors.
[4] May they be.

XVII[1]

    Pour boire dessus l'herbe tendre
Je veux sous un laurier m'étendre,
Et veux qu'Amour d'un petit brin
Ou de lin ou de chenevière
Trousse au flanc sa robe légère,   25
Et mi-nu me verse du vin.
    L'incertaine vie de l'homme
De jour en jour se roule comme

Aux rives se roulent les flots,
Puis après notre heure dernière
Rien de nous ne reste en la bière
Qu'une vieille carcasse d'os.

Je ne veux, selon la coutume,　　　　　5
Que d'encens ma tombe on parfume,
Ni qu'on y verse des odeurs;
Mais tandis que je suis en vie
J'ai de me parfumer envie
Et de me couronner de fleurs.　　　　　10

De moi-même je me veux faire
L'héritier, pour me satisfaire :
Je ne veux vivre pour autrui.
Fol le pélican, qui se blesse
Pour les siens,[2] et fol qui se laisse　　　15
Pour les siens travailler d'ennui!

[1] *Odes II*, xvii (1554), Laum. VI, 103.
[2] According to legend, the pelican fed his young with the blood from a self-inflicted wound. Cf. Musset, *La Nuit de Mai*.

XVIII[1]

J'ai l'esprit tout ennuyé
D'avoir trop étudié
Les *Phénomènes* d'Arate;[2]
Il est temps que je m'ébatte　　　　　20
Et que j'aille aux champs jouer.
Bons Dieux! qui voudrait louer
Ceux qui collés sus un livre
N'ont jamais souci de vivre?

Que nous sert l'étudier,　　　　　25
Sinon de nous ennuyer?
Et soin dessus soin accroître
A nous, qui serons peut-être,
Ou ce matin, ou ce soir,
Victime de l'Orque noir?　　　　　30
De l'Orque[3] qui ne pardonne,
Tant il est fier, à personne.

Corydon,[4] marche davant!
Sache où le bon vin se vend,
Fais refraîchir la bouteille,　　　　　35
Cherche une ombrageuse treille

Pour sous elle me coucher.
Ne m'achète point de chair,
Car tant soit elle friande
L'été je hais la viande.
　　Achète des abricots,　　　　　　　　　　　5
Des pompons, des artichauts,
Des fraises et de la crème;
C'est en été ce que j'aime,
Quand sus le bord d'un ruisseau
Je la mange au bruit de l'eau,　　　　　　　　　10
Étendu sus le rivage
Ou dans un antre sauvage.
　　Ores que je suis dispos
Je veux boire sans repos,
De peur que la maladie　　　　　　　　　　　　15
Un de ces jours ne me die:
«Je t'ai maintenant vaincu;
Meurs, galant! c'est trop vécu.»

¹ *Odes II*, xviii (1554), Laum. VI, 105.
² The *Phaenomena* of Aratus, a didactic poem on astronomical phe-
nomena.
³ Orcus, god of the underworld.
⁴ Ronsard borrows this name from Vergil and uses it to designate
his page or servant.

AMOURS DE CASSANDRE

XIX¹

«Avant le temps tes temples fleuriront,²
De peu de jours ta fin sera bornée,　　　　　　　20
Avant le soir se clora ta journée,
Trahis d'espoir tes pensers périront;
Sans me fléchir tes écrits flétriront,
En ton désastre ira ma destinée,
Pour abuser les poètes je suis née,　　　　　　　25
De tes soupirs nos neveux se riront.
Tu seras fait du vulgaire la fable,
Tu bâtiras sur l'incertain du sable,

Et vainement tu peindras dans les cieux!»
Ainsi disait la nymphe[3] qui m'affole,
Lorsque le ciel, témoin de sa parole,
D'un dextre éclair fut présage à mes yeux.[4]

[7] *Amours de Cassandre*, xix (1552), Laum. IV, 22.
[2] Your temples will grow white.
[3] Cassandre, identified here with the prophetess Cassandra.
[4] For the Romans, a stroke of lightning from the right foretold misfortune.

XX[1]

Je voudrais bien, richement jaunissant,   5
En pluie d'or goutte à goutte descendre[2]
Dans le giron de ma belle Cassandre,
Lorsqu'en ses yeux le somme va glissant.
Puis je voudray en taureau blanchissant
Me transformer,[3] pour sur mon dos la prendre,   10
Quand en avril par l'herbe la plus tendre
Elle va, fleur, mille fleurs ravissant.
Je voudrais bien pour alléger ma peine
Etre un Narcisse[4] et elle une fontaine,
Pour m'y plonger une nuit à séjour;   15
Et si voudrais que cette nuit encore
Fût éternelle, et que jamais l'aurore
Pour m'éveiller ne rallumât le jour.

[1] *Amours de Cassandre*, xx (1552), Laum. IV, 23.
[2] Like Jupiter, disguised as a rain of gold for his seduction of Danaë.
[3] Like Jupiter, disguised as a white bull for his seduction of Europa.
[4] Narcissus, son of the river-god Cephisus, fell in love with his own image in the water.

XLI[1]

Quand au matin ma déesse s'habille
D'un riche or crêpe ombrageant ses talons,   20
Et les filets de ses beaux cheveux blonds
En cent façons enonde et entortille,

Je l'accompare à l'écumière fille[2]
Qui, or peignant les siens brunement longs,
Or les frisant en mille crêpillons,
Passait la mer portée en sa coquille.[3]
De femme humaine encore ne sont pas   5
Son ris, son front, ses gestes, ne ses pas,
Ne de ses yeux l'une et l'autre étincelle.
Rocs, eaux, ni bois, ne logent point en eux
Nymphe qui ait si folâtres cheveux,
Ni l'œil si beau, ni la bouche si belle.   10

[1] *Amours de Cassandre*, xli (1552), Laum. IV, 42.
[2] Venus, born of the sea-foam.
[3] Cf. Botticelli's "Birth of Venus."

LXII[1]

Quand ces beaux yeux jugeront que je meure,
Avant mes jours me bannissant là-bas,
Et que la Parque[2] aura porté mes pas
A l'autre bord de la rive meilleure:
Antres, et prés, et vous, fôrets, à l'heure   15
Pleurant mon mal, ne me dédaignez pas;
Ains donnez-moi sous l'ombre de vos bras
Une éternelle et paisible demeure.
Puisse avenir qu'un poète amoureux,
Ayant pitié de mon sort malheureux,   20
Dans un cyprès note cet épigramme:
«Ci-dessous gît un amant Vendômois
Que la douleur tua dedans ce bois,
Pour aimer trop les beaux yeux de sa dame.»

[1] *Amours de Cassandre*, lxii (1552), Laum. IV, 54.
[2] The Fate responsible for death.

CCXXII[1]

Que dites-vous, que faites-vous, mignonne?   25
Que songez-vous? pensez-vous point en moi?
Avez-vous point souci de mon émoi,
Comme de vous le souci m'époinçonne?

De votre amour tout le cœur me bouillonne,
Devant mes yeux sans cesse je vous vois,
Je vous entends absente, je vous oy,
Et mon penser d'autre amour ne résonne.
J'ai vos beautés, vos grâces, et vos yeux   5
Gravés en moi, les places et les lieux
Où je vous vis danser, parler et rire.
Je vous tiens mienne, et si ne suis pas mien.
Vous êtes seule en qui mon cœur respire,
Mon œil, mon sang, mon malheur et mon bien.   10

[1] *Amours de Cassandre*, ccxxii (1569), Cohen I, 95.

ODES, IV

IV

DE L'ÉLECTION DE SON SÉPULCRE[1]

Antres, et vous, fontaines
De ces roches hautaines
Qui tombez contre-bas
    D'un glissant pas;
Et vous, forêts et ondes   15
Par ces prés vagabondes;[2]
Et vous, rives et bois,
    Oyez ma voix.
Quand le ciel et mon heure
Jugeront que je meure,   20
Ravi du beau séjour
    Du commun jour,
Je défends qu'on ne rompe
Le marbre pour la pompe
De vouloir mon tombeau   25
    Bâtir plus beau;
Mais bien je veux qu'un arbre
M'ombrage en lieu d'un marbre,

Arbre qui soit couvert
   Toujours de vert.
De moi puisse la terre
Engendrer un lierre,
M'embrassant en maint tour   5
   Tout à l'entour,
Et la vigne tortisse
Mon sépulcre embellisse,
Faisant de toutes parts
   Un ombre épars.   10
Là viendront chaque année
A ma fête ordonnée
Avecques leurs troupeaux
   Les pastoureaux;
Puis ayant fait l'office   15
De leur beau sacrifice,
Parlants à l'île ainsi
   Diront ceci:
«Que tu es renommée,
D'être tombeau nommée   20
D'un de qui l'univers
   Chante les vers!
«Et qui onc en sa vie
Ne fut brûlé d'envie,
Mendiant les honneurs   25
   Des grands seigneurs;
«Ni ne rapprit l'usage
De l'amoureux breuvage
Ni l'art des anciens
   Magiciens.   30
«Mais bien à nos campagnes
Fit voir les sœurs[3] compagnes,
Foulantes l'herbe aux sons
   De ses chansons.
«Car il fit à sa lyre   35
Si bons accords élire
Qu'il orna de ses chants
   Nous et nos champs.
«La douce manne tombe[4]
A jamais sur sa tombe,   40
Et l'humeur que produit
   En mai la nuit.
«Tout à l'entour l'emmure

L'herbe et l'eau qui murmure,
L'un toujours verdoyant,
   L'autre ondoyant.
«Et nous, ayant mémoire
Du renom de sa gloire, 5
Lui ferons comme à Pan[5]
   Honneur chaque an.»
Ainsi dira la troupe,
Versant de mainte coupe
Le sang d'un agnelet 10
   Avec du lait
Dessur moi, qui à l'heure
Serai par la demeure
Où les heureux esprits
   Ont leur pourpris. 15
La grêle ne la neige
N'ont tels lieux pour leur siège,
Ne la foudre oncque là
   Ne dévala;
Mais bien constante y dure 20
L'immortelle verdure,
Et constant en tout temps
   Le beau printemps.
Le soin qui sollicite
Les rois, ne les incite 25
Le monde ruiner
   Pour dominer;
Ains comme frères vivent,
Et morts encore suivent
Les métiers qu'ils avaient 30
   Quand ils vivaient.
Là, là j'orrai d'Alcée[6]
La lyre courroucée,
Et Sapphon qui sur tous
   Sonne plus doux. 35
Combien ceux qui entendent
Les chansons qu'ils répandent
Se doivent réjouir
   De les ouïr,
Quand la peine reçue 40
Du rocher est déçue,[7]
Et quand le vieil Tantal
   N'endure mal![8]

La seule lyre douce
L'ennui des cœurs repousse,
Et va l'esprit flattant
De l'écoutant.

[1] *Odes IV*, iv (1550), Laum. II, 97. On the composition of this poem, see Lanson, "Comment Ronsard invente," *Revue universitaire*, 15 janv. 1906, pp. 29-39.
[2] Participial, agreeing with *ondes*.
[3] The muses.
[4] May it fall; *emmure* in line 43 is also an optative subjunctive.
[5] Woodland deity, god of flocks, to whom shepherds sacrificed.
[6] Greek poet, about 600 B.C., who wrote sharp satires.
[7] Sisyphus forgets the suffering of his condemnation to roll a rock eternally up a slope, down which it rolls again.
[8] Tantalus no longer suffers from his eternal hunger and thirst.

VII

A JOACHIM DU BELLAY[1]

Dedans ce grand monde où nous sommes   5
  Enclos généralement,
  Il n'y a tant seulement
Qu'un genre des dieux et des hommes.[2]

Eux et nous n'avons mère qu'une,
  Tous par elle nous vivons,   10
  Et pour héritage avons
Du ciel la lumière commune.

Notre raison qui tout avise
  Des dieux compagnons nous rend.
  Sans plus un seul différent   15
Notre genre et le leur divise:

La vie aux dieux n'est consumée,
  Immortel est leur séjour;
  Et l'homme ne vit qu'un jour,
Fuyant comme un songe ou fumée.   20

[1] *Odes IV*, vii (1550), Laum. II, 120.
[2] There is indeed only one genus, made up of gods and of men.

x[1]

Quand je suis vingt ou trente mois
Sans retourner en Vendômois,
Plein de pensées vagabondes,
Plein d'un remords et d'un souci,
Aux rochers je me plains ainsi,   5
Aux bois, aux antres, et aux ondes:
    «Rochers, bien que soyez âgés
De trois mille ans, vous ne changez
Jamais ni d'état ni de forme;
Mais toujours ma jeunesse fuit,   10
Et la vieillesse qui me suit
De jeune en vieillard me transforme.
    «Bois, bien que perdiez tous les ans
En l'hiver vos cheveux plaisants,
L'an d'après qui se renouvelle   15
Renouvelle aussi votre chef;
Mais le mien ne peut derechef
Ravoir sa perruque nouvelle.
    «Antres, je me suis vu chez vous
Avoir jadis verts les genoux,   20
Le corps habile et la main bonne;
Mais ores j'ai le corps plus dur
Et les genoux que n'est le mur
Qui froidement vous environne.
    «Ondes, sans fin vous promenez   25
Et vous menez et ramenez
Vos flots d'un cours qui ne séjourne;
Et moi sans faire long séjour,
Je m'en vais de nuit et de jour
Au lieu d'où plus on ne retourne.»   30
    Si est-ce que je ne voudrois
Avoir été rocher ou bois,
Pour avoir la peau plus épaisse
Et vaincre le temps emplumé;[2]
Car ainsi dur je n'eusse aimé   35
Toi qui m'as fait vieillir, maîtresse.

---

[1] *Odes IV*, x (1555), Laum. VII, 98.
[2] Winged, swift.

XIII[1]

Ma douce jouvence est passée,
Ma première force est cassée,
J'ai la dent noire et le chef blanc,
Mes nerfs sont dissous et mes veines
(Tant j'ai le corps froid) ne sont pleines   5
Que d'une eau rousse en lieu de sang.
   Adieu ma lyre, adieu fillettes
Jadis mes douces amourettes,
Adieu, je sens venir ma fin.
Nul passetemps de ma jeunesse   10
Ne m'accompagne en la vieillesse
Que le feu, le lit et le vin.
   J'ai la tête toute élourdie
De trop d'ans et de maladie;
De tous côtés le soin me mord,   15
Et soit que j'aille ou que je tarde
Toujours après moi je regarde
Si je verrai venir la Mort,
   Qui doit, ce me semble, à toute heure
Me mener là-bas où demeure   20
Je ne sais quel Pluton,[2] qui tient
Ouvert à tous venants un antre
Où bien facilement on entre,
Mais d'où jamais on ne revient.

---

[1] *Odes IV*, xiii (1555), Laum. VII, 102.
[2] Pluto, god of the underworld.

XIV[1]

Pourquoi, chétif laboureur,   25
Trembles-tu d'un empereur
Qui doit bientôt, légère ombre,
Des morts accroître le nombre?
Ne sais-tu qu'à tout chacun
Le port d'Enfer est commun,   30
Et qu'une âme impériale
Aussi tôt là-bas dévale

Dans le bateau de Caron[2]
Que l'âme d'un bûcheron?
Courage, coupeur de terre!
Ces grands foudres de la guerre
Non plus que toi n'iront pas   5
Armés d'un plastron là-bas
Comme ils allaient aux batailles.
Autant leur vaudront leurs mailles,
Leurs lances et leur estoc,
Comme à toi vaudra ton soc.   10
Le bon juge Rhadamante[3]
Assuré ne s'épouvante
Non plus de voir un harnois
Là-bas, qu'un levier de bois,
Ou voir une souquenie   15
Qu'une robe bien garnie,
Ou qu'un riche accoutrement
D'un roi mort pompeusement.

---

[1] *Odes IV*, xiv (1555), Laum. VII, 103.
[2] Boatman of Hades, who ferried the souls of the dead across the river Styx.
[3] One of the judges of Hades.

XVI[1]

Le petit enfant Amour
Cueillait des fleurs à l'entour   20
D'une ruche où les avettes
Font leurs petites logettes.
Comme il les allait cueillant,
Une avette sommeillant
Dans le fond d'une fleurette   25
Lui piqua la main douillette.
Sitôt que piqué se vit,
«Ah! je suis perdu,» ce dit,
Et s'encourant vers sa mère[2]
Lui montra sa plaie amère.   30
«Ma mère, voyez ma main,»
Ce disait Amour tout plein
De pleurs, «voyez quelle enflure
M'a fait une égratignure.»

Alors Vénus se sourit
Et en le baisant le prit,
Puis sa main lui a soufflée
Pour guarir sa plaie enflée.
  «Qui t'a, dis-moi, faux garçon,   5
Blessé de telle façon?
Sont-ce mes Grâces[3] riantes,
De leurs aiguilles poignantes?»
  «Nenni, c'est un serpenteau
Qui vole au printemps nouveau   10
Avecque deux ailerettes
Çà et là sus les fleurettes.»
  «Ah! vraiment je le connois,
Dit Vénus, les villageois
De la montagne d'Hymette[4]   15
Le surnomment Mélissette.[5]
  «Si doncques un animal
Si petit fait tant de mal
Quand son haleine époinçonne
La main de quelque personne,   20
  «Combien fais-tu de douleur,
Au prix de lui, dans le cœur
De celui en qui tu jettes
Tes amoureuses sagettes?»

[1] *Odes IV*, xvi (1555), Laum. VII, 106.
[2] Venus.
[3] Hand-maidens to Venus.
[4] Hymettus, outside Athens, famous for its honey.
[5] From the Greek word for bee.

XX[1]

Brune Vesper,[2] lumière dorée,   25
O Vesper honneur de la serée,
Vesper dont la belle clairté luit
Autant sur les astres de la nuit
Que reluit par dessur toi la lune,
O claire image de la nuit brune,   30
En lieu du beau croissant tout ce soir
Donne lumière, et te laisse choir

Bien tard dedans la marine source.
Je ne veux, larron, ôter la bourse
A quelque amant, ou comme un méchant
Voleur dévaliser un marchand.
Je veux aller outre la rivière   5
Voir m'amie; mais sans ta lumière
Je ne puis mon voyage achever.
Sors doncque de l'eau pour te lever,
Et de ta belle nuitale flamme
Éclaire au feu d'amour qui m'enflamme.   10

[1] *Odes IV*, xx (1555), Laum. VIII, 194.
[2] The evening star.

XXII[1]

Bel aubépin fleurissant,
    Verdissant
Le long de ce beau rivage,
Tu es vêtu jusqu'au bas
    Des longs bras   15
D'une lambrunche sauvage.

Deux camps de rouges fourmis
    Se sont mis
En garnison sous ta souche;
Dans les pertuis de ton tronc   20
    Tout du long
Les avettes ont leur couche.

Le chantre rossignolet
    Nouvelet,
Courtisant sa bien-aimée,   25
Pour ses amours alléger
    Vient loger
Tous les ans en ta ramée.

Sur ta cime il fait son nid
    Tout uni   30
De mousse et de fine soie,
Où ses petits écloront,
    Qui seront
De mes mains la douce proie.

Or vis, gentil aubépin,
  Vis sans fin,
Vis sans que jamais tonnerre
Ou la cognée ou les vents
  Ou les temps   5
Te puissent ruer par terre.

¹ *Odes IV*, xxii (1556), Laum. VII, 242.

XXXVIII¹

Versons ces roses près ce vin,
Près de ce vin versons ces roses,
Et boivons l'un à l'autre, afin
Qu'au cœur nos tristesses encloses   10
Prennent en boivant quelque fin.
  La belle rose du printemps,
Aubert,² amoneste les hommes
Passer joyeusement le temps
Et pendant que jeunes nous sommes,   15
Ébattre la fleur de nos ans.
  Tout ainsi qu'elle défleurit
Fanie en une matinée,
Ainsi notre âge se flétrit,
Las! et en moins d'une journée   20
Le printemps d'un homme périt.
  Ne vis-tu pas hier Brinon³
Parlant et faisant bonne chère,
Qui las! aujourd'hui n'est sinon
Qu'un peu de poudre en une bière,   25
Qui de lui n'a rien que le nom?
  Nul ne dérobe son trépas.
Caron⁴ serre tout en sa nasse,
Rois et pauvres tombent là-bas.
Mais cependant le temps se passe,   30
Rose, et je ne te chante pas.
  La rose est l'honneur d'un pourpris,
La rose est des fleurs la plus belle
Et dessus toutes a le prix;
C'est pour cela que je l'appelle   35
La violette de Cypris.⁵

La rose est le bouquet d'Amour,
La rose est le jeu des Charites,[6]
La rose blanchit tout autour,
Au matin, de perles petites
Qu'elle emprunte du point du jour.
   La rose est le parfum des dieux,
La rose est l'honneur des pucelles,
Qui leur sein beaucoup aiment mieux
Enrichir de roses nouvelles
Que d'un or tant soit précieux.   10
   Est-il rien sans elle de beau?
La rose embellit toutes choses.
Vénus de roses a la peau
Et l'aurore a les doigts de roses
Et le front le soleil nouveau.   15
   Les nymphes de rose ont le sein,
Les coudes, les flancs et les hanches;
Hébé[7] de roses a la main
Et les Charites, tant soient blanches,
Ont le front de roses tout plein.   20
   Que le mien en soit couronné,
Ce m'est un laurier de victoire.
Sus! appelons le deux-fois-né,[8]
Le bon père, et le faisons boire
De ces roses environné.   25
   Bacchus épris de la beauté
Des roses aux feuilles vermeilles
Sans elles n'a jamais été
Quand en chemise sous les treilles
Il boit au plus chaud de l'été.   30

---

[1] *Odes IV*, xxxviii (1555), Laum. VII, 189.
[2] Guillaume Aubert, a lawyer of Poitiers, poet, friend of Du Bellay.
[3] Jean Brinon, conseiller au Parlement de Paris, who died prematurely in the spring of 1555.
[4] The boatman of Hades.
[5] The favorite flower of Venus.
[6] The Graces.
[7] Goddess of youth and cupbearer to the gods.
[8] Bacchus, or Dionysus, was born prematurely to Semele, who died, and was carried in the thigh of his father Zeus until maturity; thus "twice-born."

ODES, V

XVI[1]

Nous ne tenons en notre main
Le temps futur du lendemain;
La vie n'a point d'assurance,
Et pendant que nous désirons
La faveur des rois, nous mourons   5
Au milieu de notre espérance.
    L'homme après son dernier trépas
Plus ne boit ne mange là-bas,
Et sa grange qu'il a laissée
Pleine de blé devant sa fin,   10
Et sa cave pleine de vin,
Ne lui viennent plus en pensée.
    Hé! quel gain apporte l'émoi?
Va, Corydon,[2] apprête-moi
Un lit de roses épanchées;   15
Il me plaît, pour me défâcher,
A la renverse me coucher
Entre les pots et les jonchées.
    Fais-moi venir Daurat[3] ici,
Fais-y venir Jodelle[4] aussi,   20
Et toute la musine[5] troupe;
Depuis le soir jusqu'au matin
Je veux leur donner un festin
Et cent fois leur pendre la coupe.[6]
    Verse donc et reverse encor   25
Dedans cette grand coupe d'or;
Je vais boire à Henri Estienne,[7]
Qui des Enfers nous a rendu
Du vieil Anacréon perdu
La douce lyre téïenne.[8]   30
    A toi, gentil Anacréon,
Doit son plaisir le biberon,
Et Bacchus te doit ses bouteilles;
Amour, son compagnon, te doit
Vénus, et Silène[9] qui boit   35
L'été dessous l'ombre des treilles.

---

[1] *Odes V*, xvi (1555); Laum. VI, 174.
[2] An assumed name for Ronsard's page or valet.

³ Jean Dorat, teacher and colleague of the Pléiade poets.
⁴ Étienne Jodelle, dramatic and lyric poet of the Pléiade group.
⁵ Of the muses.
⁶ Hold up the glass for a toast.
⁷ Scholar and printer, who published the Greek text of Anacreon in 1554.
⁸ Anacreon was from Teos in Lydia.
⁹ Silenus, a satyr, teacher and companion of Bacchus.

LES HYMNES, I

HYMNE DU CIEL¹

A Jean de Morel, Embrunois²

Morel, qui pour partage en ton âme possèdes
Les plus nobles vertus, trésor dont tu ne cèdes
A nul de notre siècle, ou soit en équité,
Soit en candeur de mœurs, ou soit en vérité;
Qui, seul de nos Français, de mes vers pris la charge,   5
Couverts de ta faveur comme Ajax³ sous sa targe
Couvrait l'archer Teucer, que les Troyens pressaient
De traits qui sur le dos du boucler⁴ se froissaient;
Cependant qu'à loisir l'hymne je te façonne
Des *Muses*, pren'⁵ en gré ce *Ciel* que je te donne,   10
A toi digne de lui comme l'ayant connu
Longtemps avant que d'être en la terre venu,⁶
Et qui le reconnais, si après la naissance
Quelque homme en eut jamais çà-bas la connaissance.⁷
   O Ciel rond et voûté, haute maison de Dieu,   15
Qui prêtes en ton sein à toutes choses lieu,
Et qui roules si tôt ta grand boule ébranlée
Sur deux essieux fichés,⁸ que la vitesse ailée
Des aigles ni des vents par l'air ne sauraient pas
En volant égaler le moindre de tes pas,   20
Tant seulement l'esprit de prompte hardiesse,
Comme venant de toi, égale ta vitesse;
O Ciel, vite coureur, tu parfais ton grand tour,
D'un pied jamais recru, en l'espace d'un jour!

Ainçois d'un pied de fer qui sans cesse retourne
Au lieu duquel il part et jamais ne séjourne,
Traînant tout avec soi pour ne souffrir mourir
L'Univers en paresse à faute de courir.
L'esprit de l'Éternel qui avance ta course,   5
Épandu dedans toi comme une vive source,
De tous côtés t'anime et donne mouvement,
Te faisant tournoyer en sphère rondement
Pour être plus parfait, car en la forme ronde
Gît la perfection qui toute en soi abonde.   10
De ton branle premier, des autres tout divers,
Tu tires au rebours les corps de l'Univers
Bandés en résistant contra ta violence,
Seuls à part démenants une seconde danse,
L'un deçà, l'autre là, comme ils sont agités   15
Des mouvements réglés de leurs diversités.
Ainsi, guidant premier si grande compagnie,
Tu fais une si douce et plaisante harmonie
Que nos luths ne sont rien au prix des moindres sons
Qui résonnent là-haut de diverses façons.[9]   20
D'un feu vif et divin ta voûte est composée,
Non feu matériel dont la flamme exposée
Çà-bas en nos foyers mangerait affamé
De toutes les forêts le branchage ramé,
Et pour ce tous les jours il faut qu'on le nourrisse,   25
Le repaissant de bois s'on ne veut qu'il périsse.
Mais celui qui là-haut en vigueur entretient
Toi et tes yeux d'Argus,[10] de lui seul se soutient
Sans mendier secours; car sa vive étincelle
Sans aucun aliment se nourrit de par elle.   30
D'elle-même elle luit, comme fait le soleil,
Tempérant l'Univers d'un feu doux et pareil
A celui qui habite en l'estomac de l'homme,
Qui tout le corps échauffe et point ne le consomme.
Qu'à bon droit les Grégeois t'ont nommé d'un beau nom![11] 35
Qui bien t'avisera ne trouvera sinon
En toi qu'un ornement et qu'une beauté pure,
Qu'un compas bien réglé, qu'une juste mesure,
En bref, qu'un rond parfait dont l'immense grandeur,
Hauteur, largeur, biais, travers et profondeur   40
Nous montrent, en voyant un si bel édifice,
Combien l'esprit de Dieu est rempli d'artifice,
Et subtil artisan qui te bâtit de rien

Et t'accomplit si beau pour nous montrer combien
Grande est sa majesté, qui hautaine demande
Pour son palais royal une maison si grande.
Or ce Dieu tout puissant, tant il est bon et doux,
S'est fait le citoyen du monde comme nous,   5
Et n'a tant dédaigné notre humaine nature
Qu'il ait outre les bords de ta large clôture
Autre maison bâtie, ains s'est logé chez toi,
Chez toi, franc de soucis, de peines et d'émoi,
Qui vont couvrant le front des terres habitables,   10
Des terres, la maison des humains misérables.
Si celui qui comprend[12] doit emporter le prix
Et l'honneur sur celui qui plus bas est compris,
Tu dois avoir l'honneur sur cette masse toute,
Qui tout seul la comprends dessous ta large voûte   15
Et en son ordre à part limites un chacun;
Toi, qui n'as ton pareil et ne sembles qu'à un,
Qu'à toi qui es ton moule et la seule modèle
De toi-même tout rond, comme chose éternelle.
Tu n'as en ta grandeur commencement ne bout,   20
Tu es tout dedans toi, de toutes choses tout,
Non contraint, infini, fait d'un fini espace
Dont le sein large et creux toutes choses embrasse
Sans rien laisser dehors; et pour ce c'est erreur,
C'est un extrême abus, une extrême fureur,   25
De penser qu'il y ait des mondes hors du monde.
Tu prends tout, tu tiens tout dessous ton arche ronde,
D'un contour merveilleux la terre couronnant,
Et la grand mer qui vient la terre environnant,
L'air épars et le feu; et bref, on ne voit chose   30
Ou qui ne soit à toi ou dedans toi enclose,
Et de quelque côté que nous tournions les yeux
Nous avons pour objet la clôture des Cieux.
Tu mets les dieux au joug d'Anangé[13] la fatale,
Tu dépars à chacun sa semence natale,   35
La nature en ton sein ses ouvrages répand,
Tu es premier chaînon de la chaîne qui pend.
Toi, comme fécond père, en abondance enfantes
Les siècles, et des ans les suites renaissantes;
Les mois et les saisons, les heures et les jours   40
Ainsi que jouvenceaux jeunissent de ton cours,
Frayant sans nul repos une ornière éternelle
Qui toujours se retrace et se refraye en elle;

Bref, te voyant si beau, je ne saurais penser
Que quatre ou cinq mille ans te puissent commencer.
   Sois saint de quelque nom que tu voudras, ô Père
A qui de l'Univers la nature obtempère,
Aimantin, varié, azuré, tournoyant,   5
Fils de Saturne, Roi tout-oyant, tout-voyant.
Ciel, grand palais de Dieu, exauce ma prière:
Quand la mort déliera mon âme prisonnière
Et celle de Morel hors de ce corps humain,
Daigne les recevoir, bénin, dedans ton sein   10
Après mille travaux, et veuille de ta grâce
Chez toi les reloger en leur première place.

[1] *Hymne du Ciel* (1555); Laum. VIII, 140.
[2] Jean Morel, of Embrun, one of the first patrons of Ronsard at Court.
[3] *Iliad*, Book XII, where Ajax protected Teucer, his half-brother, with his shield.
[4] *Bouclier.*
[5] *Prends.*
[6] I.e., your soul resided in heaven before being united with your body.
[7] According to Plato, the soul remembered its earlier existence.
[8] The two poles.
[9] Allusion to the "music of the spheres."
[10] A legendary giant who had a hundred eyes; here, the stars of the sky.
[11] The Greek word is *cosmos*, meaning "ornament," "order."
[12] Includes.
[13] The Greek *anangke*, or fatality.

ÉPITAPHE[1]
DE JEAN DE LA PÉRUSE,
ANGOÛMOIS[2]

Las! tu dois à ce coup, chétive Tragédie,
     Laisser tes graves jeux,
Laisser ta scène vide et, contre toi hardie,   15
     Te tordre les cheveux,

Et de la même voix dont tu aigris les princes
    Tombés en déconfort,
Tu dois bien annoncer aux étranges provinces
    Que La Péruse est mort.

Cours donc échevelée et dis que La Péruse
    Est mort, et qu'aujourd'hui
Le second ornement de la tragique Muse
    Est mort avecques lui;[3]

Mais non pas mort ainsi qu'il faisait en sa scène,
    Après mille débats,
Les princes et les rois mourir d'une mort vaine,
    Qui morts ne mouraient pas.

Car un dormir de fer lui sille la paupière
    D'un éternel sommeil,
Et jamais ne verra la plaisante lumière
    De notre beau soleil.

Hélas! cruel Pluton,[4] puisque ta salle obscure
    Reçoit de tout quartier
Tout ce qui est au monde, et que de la Nature
    Tu es seul héritier,

Et qu'on ne peut frauder le dernier truage
    De ton port odieux,
Tu devais pour le moins lui prêter davantage
    L'usufruit de nos cieux.

Tu n'eusses rien perdu; car après quelque année,
    Suivant l'humaine loi,
Aussi bien qu'aujourd'hui la fière Destinée
    L'eût emmené chez toi.

Or, adieu donc, ami! aux ombres, dans la salle
    De ce cruel Pluton,
Tu joues maintenant la fable de Tantale
    Ou du pauvre Ixion;[5]

Et tu as ici haut laissé ta scène vide
    De tragiques douleurs,
Laquelle autant sur toi que dessus Euripide
    Verse un ruisseau de pleurs.

Toujours sur le printemps la vigne et le lierre
    D'un refrisé rameau
Rampent[6] pour ta couronne au plus haut de la pierre
    Qui te sert de tombeau.

[1] *Épitaphe* (1555); Laum. VII, 94.
[2] Poet and dramatist closely allied with the Pléiade group; died in 1554 at the age of 25.
[3] For Ronsard, the first "ornament" of tragedy would be Jodelle.
[4] God of the underworld.
[5] Cf. p. 65, notes 7, 13.
[6] May they creep.

POUR LA FIN D'UNE COMÉDIE[1]

Ici la Comédie apparaît un exemple   5
Où chacun de son fait les actions contemple.
Le monde est le théâtre et les hommes acteurs,
La Fortune, qui est maîtresse de la scène,
Apprête les habits, et de la vie humaine
Les cieux et les destins en sont les spectateurs.   10
    En gestes différents, en différents langages,
Rois, princes et bergers jouent leurs personnages
Devant les yeux de tous, sur l'échaufaud[2] commun;
Et quoi que l'homme essaie à vouloir contrefaire
Sa nature et sa vie, il ne saurait tant faire   15
Qu'il ne soit, ce qu'il est, remarqué d'un chacun.
    L'un vit comme un pasteur, l'un est roi des provinces,
L'autre fait le marchand, l'autre s'égale aux princes,
L'autre se feint content, l'autre poursuit du bien.
Cependant le souci de sa lime nous ronge,   20
Qui fait que notre vie est seulement un songe
Et que tous nos desseins se finissent en rien.
    Jamais l'esprit de l'homme ici ne se contente,
Toujours l'ambition l'époint et le tourmente.
Tantôt il veut forcer le temps et la saison,   25
Tantôt il est joyeux, tantôt plein de tristesse,
Tantôt il est dompté d'amour et de jeunesse
Contre qui ne peut rien ni conseil ni raison.

La bonté règne au ciel, la vertu, la justice;
En terre on ne voit rien que fraude, que malice;
Et, bref, tout ce monde est un publique marché:
L'un y vend, l'un dérobe, et l'autre achète et change;
Un même fait produit le blâme et la louange,   5
Et ce qui est vertu semble à l'autre péché.
  Le ciel ne devait point mettre la fantaisie
Si près de la raison: de là la jalousie,
De là se fait l'amour dont l'esprit est vaincu.
Tandis que nous aurons des muscles et des veines   10
Et du sang, nous aurons des passions humaines;
Car jamais autrement les hommes n'ont vécu.
  Il ne faut espérer être parfait au monde;
Ce n'est que vent, fumée, une onde qui suit l'onde.
Ce qui était hier ne se voit aujourd'hui.   15
Heureux, trois fois heureux, qui au temps ne s'oblige,
Qui suit son naturel, et qui sage corrige
Ses fautes en vivant, par les fautes d'autrui.

---

[1] *Pour la Fin d'une comédie, Poèmes II* (1565); Laum. XIII, 212. The
piece was recited by Michel de Castelnau, seigneur de Mauvissière,
at the end of the comedy of *La Belle Genièvre* at Fontainebleau, before
the Court, on February 13, 1564.
  [2] *Échafaud.*

AMOURS DE MARIE

XIX[1]

Marie, levez-vous, ma jeune paresseuse!
Jà la gaie alouette au ciel a fredonné,   20
Et jà le rossignol doucement jargonné,
Dessus l'épine assis, sa complainte amoureuse.
Sus, debout! allons voir l'herbelette perleuse,
Et votre beau rosier de boutons couronné,
Et vos œillets mignons auxquels aviez donné   25
Hier au soir de l'eau d'une main si soigneuse.

Harsoir en vous couchant vous jurâtes vos yeux
D'être plus tôt que moi ce matin éveillée;
Mais le dormir de l'aube aux filles gracieux
Vous tient d'un doux sommeil encor les yeux sillée.[2]
Çà, çà! que je les baise et votre beau tétin   5
Cent fois, pour vous apprendre à vous lever matin.

[1] *Amours de Marie*, xix (1555); Laum. VII, 140.
[2] *Sillée* agrees with *Vous:* Closed as for your eyes.

JE VOUS ENVOIE UN BOUQUET[1]

Je vous envoie un bouquet que ma main
Vient de trier de ces fleurs épanies;
Qui ne les eût à ce vêpre cueillies,
Chutes à terre elles fussent demain.   10
Cela vous soit un exemple certain
Que vos beautés, bien qu'elles soient fleuries,
En peu de temps cherront toutes flétries
Et, comme fleurs, périront tout soudain.
Le temps s'en va, le temps s'en va, madame.   15
Las! le temps non, mais nous nous en allons
Et tôt serons étendus sous la lame;
Et des amours desquelles nous parlons,
Quand serons morts n'en sera plus nouvelle.
Pour ce aimez-moi cependant qu'êtes belle.   20

[1] *Pièces retranchées* (1555); Laum. VII, 152.

CHANSON[1]

Le printemps n'a point tant de fleurs,
L'automne tant de raisins meurs,
L'été tant de chaleurs hâlées,
L'hiver tant de froides gelées,
Ni la mer n'a tant de poissons,   25
Ni la Beauce tant de moissons,
Ni la Bretagne tant d'arènes,
Ni l'Auvergne tant de fontaines,

Ni la nuit tant de clairs flambeaux,
Ni les forêts tant de rameaux
Que je porte au cœur, ma maîtresse,
Pour vous de peine et de tristesse.

[1] *Chanson* (1556); Laum. VII, 249.

XXXI[1]

S'il y a quelque fille en toute une contrée
Qui soit inexorable, inhumaine et cruelle,
Toujours elle est de moi pour dame rencontrée,
Et toujours le malheur me fait serviteur d'elle.
Mais si quelqu'une est douce, honnête, aimable et belle,
La prise en est pour moi toujours désespérée;
J'ai beau être courtois, jeune, accort et fidèle,
Elle sera toujours d'un sot enamourée.
Sous tel astre malin je naquis en ce monde!
Voilà que c'est d'aimer: ceux qui ont mérité
D'être récompensés sont en douleur profonde,
Et le sot volontiers est toujours bien traité.
O traître et lâche Amour, que tu es malheureux!
Malheureux est celui qui devient amoureux.

[1] *Amours de Marie*, xxxi (1556); Laum. VII, 253.

XXXVIII[1]

Si quelque amoureux passe en Anjou par Bourgueil,[2]
Voie un pin qui s'élève au-dessus du village,
Et là sur le sommet de son pointu feuillage
Voira ma liberté, trophée d'un bel œil,
Qu'Amour victorieux, qui se plaît de mon deuil,
Appendit pour sa pompe et mon servile hommage,
Afin qu'à tous passants elle fût témoignage
Que l'amoureuse vie est un plaisant cercueil.
Je ne pouvais trouver plante plus estimée
Pour pendre ma dépouille, en qui fut transformée
La jeune peau d'Atys dessur le mont Idé.[3]
Mais entre Atys et moi il y a différence:
C'est qu'il fut amoureux d'un visage ridé,
Et moi d'une beauté qui ne sort que d'enfance.

[1] *Amours de Marie*, xxxviii (1556); Laum. VII, 274.
[2] The village where Ronsard met Marie.
[3] Atys, a Phrygian shepherd, was transformed by Cybele into a pine-tree on Mt. Ida.

XL[1]

Quand ravi je me pais de votre belle face,
Je vois dedans vos yeux je ne sais quoi de blanc,
Je ne sais quoi de noir, qui m'émeut tout le sang
Et qui jusques au cœur de veine en veine passe.
Je vois dedans Amour, qui va changeant de place,   5
Ores bas, ores haut, toujours me regardant
Et son arc contre moi coup sur coup débandant.
Si je faux, ma raison, que veux-tu que je fasse?
Tant s'en faut que je sois alors maître de moi
Que je nierais les dieux et trahirais mon roi,   10
Je vendrais mon pays, je meurtrirais mon père,
Telle rage me tient après que j'ai tâté
A longs traits amoureux de la poison amère
Qui sort de ces beaux yeux dont je suis enchanté.

[1] *Amours de Marie*, xl (1559); Laum. X, 91.

XLVIII[1]

Chacun qui voit ma couleur triste et noire   15
Me dit: «Ronsard, vous êtes amoureux.»
Mais ce bel œil qui me fait langoureux
Le sait, le voit, et si ne le veut croire.
De quoi me sert que mon mal soit notoire
Quand à mon dam son œil trop rigoureux,   20
Par ne sais quel désastre malheureux,
Voit bien ma plaie et si la prend à gloire?
J'ai beau pleurer, protester et jurer,
J'ai beau promettre et cent fois assurer
Qu'autre jamais n'aura sus moi puissance,   25
Qu'elle s'ébat de me voir en langueur;
Et plus de moi je lui donne assurance,
Moins me veut croire et m'appelle un moqueur.

[1] *Amours de Marie*, xlviii (1555); Laum. VII, 149.

CHANSON[1]

Comme la cire peu à peu,
Quand près de la flamme on l'approche,
Se fond à la chaleur du feu;
Ou comme au faîte d'une roche
La neige encore non foulée   5
Au soleil se perd écoulée;
   Quand tu tournes tes yeux ardents
Sur moi d'une œillade gentille,
Je sens tout mon cœur au dedans
Qui se consomme et se distille,   10
Et ma pauvre âme n'a partie
Qui ne soit en feu convertie.
   Comme une rose qu'un amant
Cache au sein de quelque pucelle
Qu'elle enferme bien chèrement   15
Près de son tétin qui pommelle,
Puis chet fanie sur la place
Au soir quand elle se délace;
   Et comme un lys par trop lavé
De quelque pluie printanière   20
Penche à bas son chef aggravé
Dessus la terre nourricière,
Sans que jamais il se relève,
Tant l'humeur pesante le grève;
   Ainsi ma tête à tous les coups   25
Se penche de tristesse à terre.
Sur moi ne bat veine ni pouls,
Tant la douleur le cœur me serre.
Je ne puis parler, et mon âme
Engourdie en mon corps se pâme.   30
   Adonques pâmé je mourrais
Si d'un seul baiser de ta bouche
Mon âme tu ne secourais
Et mon corps froid comme une souche,
Me resoufflant en chaque veine   35
La vie, par ta douce haleine.
   Mais c'est pour être tourmenté
De plus longue peine ordinaire,
Comme le cœur de Prométhé
Qui se renaît à sa misère,   40

Éternel repas misérable
De son vautour insatiable.[2]

---

[1] *Chanson* (1556); Laum. VII, 285.
[2] Allusion to the legend of Prometheus, chained to his mountain, his liver devoured daily by an eagle. The liver healed each night (*renaît*).

DISCOURS
DES MISÈRES DE CE TEMPS[1]

DISCOURS A LA REINE[2]

Si depuis que le monde a pris commencement
Le vice d'âge en âge avait accroissement,
Cinq mille ans sont passés que l'extrême malice   5
Eût surmonté le peuple, et tout ne fût que vice.
Mais puisque nous voyons les hommes en tous lieux
Vivre l'un vertueux et l'autre vicieux,
Il nous faut confesser que le vice difforme
N'est pas victorieux, mais suit la même forme   10
Qu'il reçut dès le jour que l'homme fut vêtu,
Ainsi que d'un habit, de vice et de vertu.
Ni même la vertu ne s'est point augmentée;
Si elle s'augmentait, sa force fût montée
Au plus haut période, et tout serait ici   15
Vertueux et parfait, ce qui n'est pas ainsi.
Or, comme il plaît aux lois, aux princes et à l'âge,
Quelquefois la vertu abonde davantage,
Le vice quelquefois, et l'un en se haussant
Va de son compagnon le crédit rabaissant,   20
Puis il est rabaissé, afin que leur puissance
Ne prenne entre le peuple une entière accroissance.
Ainsi plaît au Seigneur de nous exerciter,
Et entre bien et mal laisser l'homme habiter,
Comme le marinier qui conduit son voyage   25
Ores par le beau temps et ores par l'orage.
   Vous, Reine, dont l'esprit se repaît quelquefois

De lire et d'écouter l'histoire des François,
Vous savez, en voyant tant de faits mémorables,
Que les siècles passés ne furent pas semblables.
Un tel roi fut cruel, l'autre ne le fut pas;
L'ambition d'un tel causa mille débats;   5
Un tel fut ignorant, l'autre prudent et sage,
L'autre n'eut point de cœur, l'autre trop de courage.
Tels que furent les rois tels furent les sujets,
Car les rois sont toujours des peuples les objets.
Il faut donc dès jeunesse instruire bien un prince,   10
Afin qu'avec prudence il tienne sa province.[3]
Il faut premièrement qu'il ait devant les yeux
La crainte d'un seul Dieu; qu'il soit dévotieux
Vers l'Église approuvée, et que point il ne change
La foi de ses aïeuls pour en prendre une étrange:[4]   15
Ainsi que nous voyons instruire notre Roi
Qui par votre vertu n'a point changé de loi.
    Las! Madame, en ce temps que le cruel orage[5]
Menace les Français d'un si piteux naufrage,
Que la grêle et la pluie et la fureur des cieux   20
Ont irrité la mer de vents séditieux,
Et que l'astre jumeau[6] ne daigne plus reluire,
Prenez le gouvernail de ce pauvre navire
Et maugré la tempête et le cruel effort
De la mer et des vents, conduisez-le à bon port![7]   25
La France à jointes mains vous en prie et reprie,
Las! qui sera bientôt et proie et moquerie
Des princes étrangers,[8] s'il ne vous plaît en bref
Par votre autorité apaiser son méchef.
Ha! que diront là-bas sous les tombes poudreuses   30
De tant de vaillants rois les âmes généreuses?
Que dira Pharamond, Clodion, et Clovis?
Nos Pépins, nos Martels,[9] nos Charles, nos Loys,
Qui de leur propre sang à tous périls de guerre
Ont acquis à leurs fils une si belle terre?   35
Que diront tant de ducs[10] et tant d'hommes guerriers
Qui sont morts d'une plaie au combat les premiers,
Et pour la France ont souffert tant de labeurs extrêmes,
La voyant aujourd'hui détruire par soi-même?
Ils se repentiront d'avoir tant travaillé,   40
Assailli, défendu, guerroyé, bataillé
Pour un peuple mutin divisé de courage
Qui perd en se jouant un si bel héritage;

Héritage opulent que toi, peuple qui bois
La Tamise Albionne,[11] et toi, More qui vois
Tomber le chariot du soleil sur ta tête,[12]
Et toi, race Gothique[13] aux armes toujours prête,
Qui sens la froide bise en tes cheveux venter,   5
Par armes n'aviez su ni froisser ni dompter.
Car, tout ainsi qu'on voit de la dure cognée
Moins reboucher l'acier, plus est embesognée
A couper, à trancher et à fendre du bois,
Ainsi par le travail s'endurcit le François   10
Lequel, n'ayant trouvé qui par armes le dompte,
De son propre couteau soi-même se surmonte.
Ainsi le fier Ajax fut de soi le vainqueur,
De son propre poignard s'outreperçant le cœur.[14]
Ainsi Rome jadis des choses la merveille,   15
Qui depuis le rivage où le soleil s'éveille
Jusques à l'autre bord son empire étendit,
Tournant le fer contre elle à la fin se perdit.
   C'est grand cas que nos yeux sont si pleins d'une nue
Qu'ils ne connaissent pas notre perte avenue,   20
Bien que les étrangers qui n'ont point d'amitié
A notre nation, en ont même pitié.
Nous sommes accablés d'ignorance si forte,
Et liés d'un sommeil si paresseux, de sorte
Que notre esprit ne sent le malheur qui nous point   25
Et, voyant notre mal, nous ne le voyons point.
Dès longtemps les écrits des antiques prophètes,
Les songes menaçants, les hideuses comètes,
Avaient assez prédit que l'an soixante et deux
Rendrait de tous côtés les Français malheureux,   30
Tués, assassinés;[15] mais, pour n'être pas sages,
Foi n'avons ajoutée à si divins présages,
Obstinés, aveuglés: ainsi le peuple hébrieu[16]
N'avait point de créance aux prophètes de Dieu,
Lequel, ayant pitié du Français qui fourvoye,   35
Comme père bénin, du haut ciel lui envoye
Songes et visions et prophètes, afin
Qu'il pleure et se repente et s'amende à la fin.
Le ciel qui a pleuré tout le long de l'année,
Et Seine qui courait d'une vague effrénée   40
Et bétail et pasteurs et maisons ravissait
De son malheur futur[17] Paris avertissait,
Et semblait que les eaux en leur rage profonde

Voulussent renoyer une autre fois le monde.
Cela nous prédisait que la terre et les cieux
Menaçaient notre chef d'un mal prodigieux.
　O toi, historien, qui d'encre non menteuse
Écris de notre temps l'histoire monstrueuse,　　　　5
Raconte à nos enfants tout ce malheur fatal,
Afin qu'en te lisant ils pleurent notre mal
Et qu'ils prennent exemple aux péchés de leurs pères,
De peur de ne tomber en pareilles misères.
De quel front, de quel œil, ô siècles inconstants!　　　10
Pourront-ils regarder l'histoire de ce temps,
En lisant que l'honneur et le sceptre de France,
Qui depuis si long âge avait pris accroissance,
Par une Opinion nourrice des combats
Comme une grande roche est bronché contre-bas?[18]　　　15
On dit que Jupiter fâché contre la race
Des hommes, qui voulaient par curieuse audace
Envoyer leurs raisons jusqu'au ciel pour savoir
Les hauts secrets divins que l'homme ne doit voir,
Un jour étant gaillard choisit pour son amie　　　20
Dame Présomption, la voyant endormie
Au pied du mont Olympe, et la baisant, soudain
Conçut l'Opinion,[19] peste du genre humain;
Cuider en fut nourrice, et fut mise à l'école
D'Orgueil, de Fantaisie et de Jeunesse folle.　　　25
Elle fut si enflée et si pleine d'erreur
Que même ses parents faisait trembler d'horreur;
Elle avait le regard d'une orgueilleuse bête,
De vent et de fumée avait pleine la tête.
Son cœur était couvé de vaine affection　　　30
Et sous un pauvre habit cachait l'ambition.
Son visage était beau comme d'une sereine,
D'une parole douce avait la bouche pleine;
Légère elle portait des ailes sur le dos.
Ses jambes et ses pieds n'étaient de chair ni d'os,　　　35
Ils étaient faits de laine et de coton bien tendre,
Afin qu'à son marcher on ne la pût entendre.
Elle se vint loger par étranges moyens
Dedans le cabinet des théologiens,
De ces nouveaux rabbins, et brouilla leurs courages　　　40
Par la diversité de cent nouveaux passages,
Afin de les punir d'être trop curieux
Et d'avoir échellé comme géants les cieux.

Ce monstre que j'ai dit met la France en campagne,
Mendiant le secours de Savoie et d'Espagne
Et de la nation qui, prompte au tabourin,[20]
Boit le large Danube et les ondes du Rhin.[21]
Ce monstre arme le fils contre son propre père,   5
Le frère factieux s'arme contre son frère,
La sœur contre la sœur, et les cousins germains
Au sang de leurs cousins veulent tremper leurs mains.
L'oncle hait son neveu, le serviteur son maître,
La femme ne veut plus son mari reconnaître,   10
Les enfants sans raison[22] disputent de la foi,
Et tout à l'abandon va sans ordre et sans loi.
L'artisan par ce monstre a laissé sa boutique,
Le pasteur ses brebis, l'avocat sa pratique,
Sa nef le marinier, sa foire le marchand,   15
Et par lui le prud'homme est devenu méchant.
L'écolier se débauche, et de sa faux tortue
Le laboureur façonne une dague pointue;
Une pique guerrière il fait de son rateau
Et l'acier de son coutre il change en un couteau.   20
Morte est l'autorité; chacun vit en sa guise;
Au vice déréglé la licence est permise.
Le désir, l'avarice et l'erreur insensé
Ont sens dessus dessous le monde renversé.
On fait des lieux sacrés une horrible voirie,   25
Une grange, une étable et une porcherie,
Si bien que Dieu n'est sûr en sa propre maison.
Au ciel est revolée et justice et raison
Et en leur place, hélas! règne le brigandage,
La force, le harnais, le sang et le carnage.   30
Tout va de pis en pis; le sujet a brisé
Le serment qu'il devait à son roi méprisé.
Mars, enflé de faux zèle et de vaine apparence,
Ainsi qu'une furie agite notre France,
Qui, farouche à son prince, opiniâtre suit   35
L'erreur d'un étranger,[23] et folle se détruit.
Tel voit-on le poulain dont la bouche trop forte
Par bois et par rochers son écuyer emporte,
Et maugré l'éperon, la houssine et la main,
Se gourmer de sa bride et n'obéir au frein;   40
Ainsi la France court en armes divisée
Depuis que la raison n'est plus autorisée.[24]
    Mais vous, Reine très sage, en voyant ce discord,

Pouvez, en commandant, les mettre tous d'accord,[25]
Imitant le pasteur qui, voyant les armées
Des abeilles voler au combat animées
Et par l'air à monceaux épaisses se ruer,
Se percer, se piquer, se navrer, se tuer,   5
Puis comme tourbillons se mêlant pêle-mêle
Tomber mortes du ciel aussi menu que grêle,
Portant un gentil cœur dedans un petit corps;
Il verse sur leurs camps un peu de poudre, et lors
De ces soudards ailés le pasteur à son aise   10
Pour un peu de sablon tant de noises apaise.
Ainsi presque pour rien la seule dignité
De vos enfants, de vous, de votre autorité,
Que pour votre vertu chaque état vous accorde,
Pourra bien apaiser une telle discorde.   15
    O Dieu qui de là-haut nous envoyas ton fils
Et la paix éternelle avecques nous tu fis,
Donne, je te supply, que cette Reine mère
Puisse de ces deux camps apaiser la colère;[26]
Donne-moi derechef que son sceptre puissant   20
Soit maugré le discord en armes fleurissant;
Donne que la fureur de la guerre barbare
Aille bien loin de France au rivage Tartare;[27]
Donne que nos couteaux de sang humain tachés
Soient dans un magasin pour jamais attachés,   25
Et les armes au croc, sans être embesognées,
Soient pleines désormais de toiles d'araignées.
Ou bien, ô Seigneur Dieu, si les cruels destins
Nous veulent saccager par la main des mutins,
Donne que hors des poings échappe l'alumelle   30
De ceux qui soutiendront la mauvaise querelle;
Donne que les serpents des hideuses Fureurs[28]
Agitent leurs cerveaux de paniques terreurs;
Donne qu'en plein midi le jour leur semble trouble,
Donne que pour un coup ils en sentent un double,   35
Donne que la poussière entre dedans leurs yeux.
D'un éclat de tonnerre arme ta main aux cieux,
Et pour punition élance sur leur tête,
Et non sur les rochers, les traits de la tempête.

[1] *Discours des Misères de ce temps* (1562); Laum. XI, 19.
[2] The queen mother, Catherine de Médicis, then Regent during the minority of Charles IX.

[3] I.e., govern his kingdom.

[4] Such as the "foreign" Protestantism of Luther and Calvin.

[5] The religious wars.

[6] The Gemini, Castor and Pollux, favorable to sailors.

[7] Ronsard is urging Catherine to remain faithful to the Catholic cause.

[8] Both sides had sought foreign alliances.

[9] Early French kings, legendary and real.

[10] Military leaders.

[11] The English Thames.

[12] The Saracens, who inhabited southern lands.

[13] The Germans.

[14] Ajax committed suicide after his defeat by Ulysses.

[15] In 1562, the war between Catholics and Protestants had produced massacres, executions, and various forms of violence.

[16] *Hébreu.*

[17] In March, 1562, armed opponents were on the point of battle within Paris itself.

[18] Has fallen to the ground.

[19] Opinion here symbolizes violent and fanatical religious belief, especially new beliefs springing from the individual's own conscience.

[20] Tambour, drum; traditionally, the Germans were always ready for war.

[21] The Catholics had sought help from Spain, Savoy, and German Catholics, the Protestants from the German Lutherans.

[22] I.e., before having reached the age of reason.

[23] Luther.

[24] No longer has any authority.

[25] An appeal to Catherine to intervene publicly in the dispute.

[26] Catherine tried to do so in June, 1562.

[27] I.e., some distant shore.

[28] The Furies, whose hair was braided with snakes and who punished human crimes.

SUR LA MORT DE MARIE

I[1]

Je songeais sous l'obscur de la nuit endormie
Qu'un sépulcre entr'ouvert s'apparaissait à moi;
La Mort gisait dedans, toute pâle d'effroi,
Dessus était écrit: «Le tombeau de Marie.»

Épouvanté du songe, en sursaut je m'écrie:
«Amour est donc sujet à notre humaine loi!
Il a perdu son règne, et le meilleur de soi,
Puisque par une mort sa puissance est périe.»
Je n'avais achevé, qu'au point du jour voici   5
Un passant à ma porte, adeulé de souci,
Qui de la triste mort m'annonça la nouvelle.
Prends courage, mon âme; il faut suivre sa fin,
Je l'entends dans le ciel comme elle nous appelle;
Mes pieds avec les siens ont fait même chemin.   10

[1] *Sur la Mort de Marie*, i (1578); Cohen I, 179. The current theory holds that this group of poems was written not for the original Marie de Bourgueil but for Marie de Clèves, mistress of Henri III, who died in 1574.

IV[1]

Comme on voit sur la branche au mois de mai la rose,
En sa belle jeunesse, en sa première fleur,
Rendre le ciel jaloux de sa vive couleur
Quand l'aube de ses pleurs au point du jour l'arrose:
La grâce dans sa feuille et l'amour se repose,   15
Embâmant les jardins et les arbres d'odeur;
Mais battue ou de pluie ou d'excessive ardeur,
Languissante elle meurt, feuille à feuille déclose;
Ainsi en ta première et jeune nouveauté,
Quand la terre et le ciel honoraient ta beauté,   20
La Parque[2] t'a tuée, et cendre tu reposes.
Pour obsèques reçois mes larmes et mes pleurs,
Ce vase plein de lait, ce panier plein de fleurs,[3]
Afin que vif et mort ton corps ne soit que roses.

[1] *Sur la Mort de Marie*, iv (1578); Cohen I, 184.
[2] The Fate.
[3] Among the traditional funeral offerings of the ancients.

SONNETS POUR HÉLÈNE, I

XI[1]

Le soleil l'autre jour se mit entre nous deux,
Ardent de regarder tes yeux par la verrière;
Mais lui, comme ébloui de ta vive lumière,
Ne pouvant la souffrir s'en alla tout honteux.
Je te regardai ferme, et devins glorieux   5
D'avoir vaincu ce dieu qui se tournait arrière,
Quand regardant vers moi tu me dis, ma guerrière:
«Ce soleil est fâcheux, je t'aime beaucoup mieux.»
Une joie en mon cœur incroyable s'envole
Pour ma victoire acquise et pour telle parole.   10
Mais longuement cet aise en moi ne trouva lieu.
Arrivant un mortel de plus fraîche jeunesse,
Sans égard que j'avais triomphé d'un grand dieu,
Tu me laissas tout seul pour lui faire caresse.

[1] *Sonnets pour Hélène I*, xi (1578); Cohen I, 220.

XVI[1]

Te regardant assise auprès de ta cousine,   15
Belle comme une aurore, et toi comme un soleil,
Je pensai voir deux fleurs d'un même teint pareil,
Croissantes en beauté, l'une à l'autre voisine.
La chaste, sainte, belle et unique Angevine[2]
Vite comme un éclair sur moi jeta son œil.   20
Toi comme paresseuse et pleine de sommeil
D'un seul petit regard tu ne m'estimas digne.
Tu t'entretenais seule au visage abaissé,
Pensive toute à toi, n'aimant rien que toi-même,
Dédaignant un chacun d'un sourcil ramassé,   25
Comme une qui ne veut qu'on la cherche ou qu'on l'aime.
J'eus peur de ton silence et m'en allai tout blême,
Craignant que mon salut n'eût ton œil offensé.

[1] *Sonnets pour Hélène I*, xvi (1578); Cohen I, 222.
[2] The cousin who, like Hélène, was from Anjou.

XIX[1]

Tant de fois s'appointer, tant de fois se fâcher,
Tant de fois rompre ensemble et puis se renouer,
Tantôt blâmer Amour et tantôt le louer,
Tant de fois se fuir, tant de fois se chercher,
Tant de fois se montrer, tant de fois se cacher,   5
Tantôt se mettre au joug, tantôt le secouer,
Avouer sa promesse et la désavouer
Sont signes que l'Amour de près nous vient toucher.
L'inconstance amoureuse est marque d'amitié.
Si donc tout à la fois avoir haine et pitié,   10
Jurer, se parjurer, serments faits et défaits,
Espérer sans espoir, confort sans réconfort,
Sont vrais signes d'amour, nous entr'aimons bien fort,
Car nous avons toujours ou la guerre ou la paix.

[1] *Sonnets pour Hélène I*, xix (1578); Cohen I, 223.

XXVI[1]

Je fuis les pas frayés du méchant populaire   15
Et les villes où sont les peuples amassés.
Les rochers, les forêts déjà savent assez
Quelle trempe a ma vie étrange et solitaire.
Si ne suis-je si seul qu'Amour, mon secrétaire,
N'accompagne mes pieds débiles et cassés,   20
Qu'il ne conte mes maux et présents et passés
A cette voix sans corps, qui rien ne saurait taire.
Souvent, plein de discours, pour flatter mon émoi,
Je m'arrête et je dis: «Se pourrait-il bien faire
Qu'elle pensât, parlât, ou se souvînt de moi?   25
Qu'à sa pitié mon mal commençât à déplaire?»
Encor que je me trompe, abusé du contraire,
Pour me faire plaisir, Hélène, je le crois.

[1] *Sonnets pour Hélène I*, xxvi (1578); Cohen I, 226.

XXXIII[1]

Nous promenant tous seuls vous me dîtes, maîtresse,
Qu'un chant vous déplaisait s'il était doucereux,
Que vous aimiez les plaints des tristes amoureux,
Toute voix lamentable et pleine de tristesse.
«Et pour ce, disiez-vous, quand je suis loin de presse[2]   5
Je choisis vos sonnets qui sont plus douloureux,
Puis d'un chant qui est propre au sujet langoureux
Ma nature et Amour veulent que je me paisse.»
Vos propos sont trompeurs. Si vous aviez souci
De ceux qui ont un cœur larmoyant et transi,   10
Je vous ferais pitié par une sympathie.
Mais votre œil cauteleux, trop finement subtil,
Pleure en chantant mes vers, comme le crocodil,
Pour mieux me dérober par feintise la vie.

[1] *Sonnets pour Hélène I*, xxxiii (1578); Cohen I, 229.
[2] Far from the crowd.

XXXVI[1]

Vous me dîtes, maîtresse, étant à la fenêtre,   15
Regardant vers Montmartre[2] et les champs d'alentour:
«La solitaire vie et le désert séjour
Valent mieux que la cour; je voudrais bien y être.
A l'heure mon esprit de mes sens serait maître,
En jeûne et oraison je passerais le jour,   20
Je défierais les traits et les flammes d'Amour;
Ce cruel de mon sang ne pourrait se repaître.»
Quand je vous répondis: «Vous trompez de penser
Qu'un feu ne soit pas feu pour se couvrir de cendre;
Sur les cloîtres sacrés la flamme on voit passer.   25
Amour dans les déserts comme aux villes s'engendre.
Contre un dieu si puissant, qui les dieux peut forcer,
Jeûnes ni oraisons ne se peuvent défendre.»

[1] *Sonnets pour Hélène I*, xxxvi (1578); Cohen I, 230.
[2] Then far outside of Paris.

MADRIGAL[1]

Si c'est aimer, madame, et de jour et de nuit
Rêver, songer, penser le moyen de vous plaire,
Oublier toute chose, et ne vouloir rien faire
Qu'adorer et servir la beauté qui me nuit;
   Si c'est aimer de suivre un bonheur qui me fuit,   5
De me perdre moi-même et d'être solitaire,
Souffrir beaucoup de mal, beaucoup craindre et me taire,
Pleurer, crier merci, et m'en voir éconduit;
   Si c'est aimer de vivre en vous plus qu'en moi-même,
Cacher d'un front joyeux une langueur extrême,   10
Sentir au fond de l'âme un combat inégal,
Chaud, froid, comme la fièvre amoureuse me traite,
   Honteux, parlant à vous, de confesser mon mal;
Si cela c'est aimer, furieux je vous aime.
Je vous aime, et sais bien que mon mal est fatal.   15
Le cœur le dit assez, mais la langue est muette.

---

[1] *Sonnets pour Hélène I*, Madrigal (1578); Cohen I, 238.

SONNETS POUR HÉLÈNE, II

II[1]

Afin qu'à tout jamais de siècle en siècle vive
La parfaite amitié que Ronsard vous portait,
Comme votre beauté la raison lui ôtait,
Comme vous enchaînez sa liberté captive;   20
Afin que d'âge en âge à nos neveux arrive
Que toute dans mon sang votre figure était,
Et que rien sinon vous mon cœur ne souhaitait,
Je vous fais un présent de cette sempervive.
Elle vit longuement en sa jeune verdeur.   25
Longtemps après la mort je vous ferai revivre,

Tant peut le docte soin d'un gentil serviteur
Qui veut en vous servant toutes vertus ensuivre.
Vous vivrez, croyez-moi, comme Laure[2] en grandeur,
Au moins tant que vivront les plumes et le livre.

[1] *Sonnets pour Hélène II*, ii (1578); Cohen I, 243.
[2] Petrarch's Laura.

III[1]

Amour, qui as ton règne en ce monde si ample,   5
Vois ta gloire et la mienne errer en ce jardin;
Vois comme son bel œil, mon bel astre divin,
Surmonte de clairté les lampes de ton temple.
Vois son corps, des beautés le portrait et l'exemple,
Qui ressemble une aurore au plus beau d'un matin;   10
Vois son esprit, seigneur du sort et du destin,
Qui passe la nature en qui Dieu se contemple.
Regarde-la marcher toute pensive à soi,
T'emprisonner de fleurs et triompher de toi,
Pressant dessous ses pas les herbes bienheureuses.   15
Vois sortir un printemps des rayons de ses yeux,
Et vois comme à l'envi ses flammes amoureuses
Embellissent la terre et sérènent les cieux.

[1] *Sonnets pour Hélène II*, iii (1578); Cohen I, 244.

IV[1]

Tandis que vous dansez et ballez à votre aise
Et masquez votre face ainsi que votre cœur,   20
Passionné d'amour je me plains en langueur,
Ores froid comme neige, ores chaud comme braise.
Le carnaval vous plaît; je n'ai rien qui me plaise
Sinon de soupirer contre votre rigueur,
Vous appeler ingrate, et blâmer la longueur   25
Du temps que je vous sers sans que mon mal s'apaise.
Maîtresse, croyez-moi, je ne fais que pleurer,
Lamenter, soupirer, et me désespérer.

Je désire la mort et rien ne me console.
Si mon front, si mes yeux ne vous en sont témoins,
Ma plainte vous en serve,[2] et permettez au moins
Qu'aussi bien que le cœur je perde la parole.

[1] *Sonnets pour Hélène II*, iv (1578); Cohen I, 244.
[2] May it serve.

VIII[1]

Je plante en ta faveur cet arbre de Cybèle,[2]   5
Ce pin où tes honneurs se liront tous les jours;
J'ai gravé sur le tronc nos noms et nos amours,
Qui croîtront à l'envi de l'écorce nouvelle.
Faunes qui habitez ma terre paternelle,
Qui menez sur le Loir[3] vos danses et vos tours,   10
Favorisez la plante et lui donnez secours:
Que l'été ne la brûle et l'hiver ne la gèle.
Pasteur, qui conduiras en ce lieu ton troupeau,
Flageolant une eclogue en ton tuyau d'aveine,
Attache tous les ans à cet arbre un tableau   15
Qui témoigne aux passants mes amours et ma peine;
Puis l'arrosant de lait et du sang d'un agneau,
Dis: «Ce pin est sacré, c'est la plante d'Hélène.»

[1] *Sonnets pour Hélène II*, viii (1578); Cohen I, 246.
[2] The pine tree was one of the attributes of Cybele, goddess of mountains and forests.
[3] A river, tributary of the Sarthe.

XV[1]

Je ne veux comparer tes beautés à la lune;
La lune est inconstante, et ton vouloir n'est qu'un.   20
Encor moins au soleil; le soleil est commun,
Commune est sa lumière, et tu n'es pas commune.
Tu forces par vertu l'envie et la rancune.
Je ne suis, te louant, un flatteur importun.
Tu sembles à toi-même, et n'as portrait aucun;   25
Tu es toute ton dieu, ton astre et ta fortune.

Ceux qui font de leur dame à toi comparaison
Sont ou présomptueux ou perclus de raison;
D'esprit et de savoir de bien loin tu les passes.
Ou bien quelque démon de ton corps s'est vêtu,
Ou bien tu es portrait de la même Vertu,   5
Ou bien tu es Pallas,[2] ou bien l'une des Grâces.[3]

[1] *Sonnets pour Hélène II*, xv (1578); Cohen I, 248.
[2] Pallas Athena, goddess of wisdom.
[3] Aglaia, Thalia, and Euphrosyne.

XXXI[1]

Ma dame but à moi, puis me baillant sa tasse:
«Buvez, dit-ell', ce reste où mon cœur j'ai versé»;
Et alors le vaisseau des lèvres je pressai,   10
Qui comme un batelier son cœur dans le mien passe.
Mon sang renouvelé tant de forces amasse
Par la vertu du vin qu'elle m'avait laissé,
Que trop chargé d'esprits et de cœurs je pensai
Mourir dessous le faix, tant mon âme était lasse.   15
Ah, dieux! qui pourrait vivre avec telle beauté
Qui tient toujours Amour en son vase arrêté?
Je ne devais en boire, et m'en donne le blâme.
Ce vase me lia tous les sens dès le jour
Que je bus de son vin, mais plutôt une flamme,   20
Mais plutôt un venin qui m'enivra d'amour.

[1] *Sonnets pour Hélène II*, xxxi (1578); Cohen I, 255.

XLIII[1]

Quand vous serez bien vieille, au soir à la chandelle,
Assise auprès du feu, dévidant et filant,
Direz, chantant mes vers en vous émerveillant:
«Ronsard me célébrait du temps que j'étais belle.»   25
Lors vous n'aurez servante, oyant telle nouvelle,
Déjà sous le labeur à demi sommeillant,
Qui au bruit de mon nom ne s'aille réveillant,
Bénissant votre nom de louange immortelle.

Je serai sous la terre et fantôme sans os
Par les ombres myrteux je prendrai mon repos;
Vous serez au foyer une vieille accroupie,
Regrettant mon amour, et votre fier dédain.
Vivez, si m'en croyez! n'attendez à demain;   5
Cueillez dès aujourd'hui les roses de la vie.

---

[1] *Sonnets pour Hélène II*, xliii (1578); Cohen I, 260.

LXV[1]

Je ne serais marri si tu comptais ma peine
De compter tes degrés recomptés tant de fois.
Tu loges au sommet du Palais de nos Rois;[2]
Olympe[3] n'avait pas la cime si hautaine.   10
Je perds à chaque marche et le pouls et l'haleine,
J'ai la sueur au front, j'ai l'estomac pantois,
Pour ouïr un nenni, un refus, une voix
De dédain, de froideur et d'orgueil toute pleine.
Tu es comme déesse assise en très haut lieu;   15
Pour monter en ton ciel je ne suis pas un dieu.
Je ferai de la cour[4] ma plainte coutumière,
T'envoyant jusqu'en haut mon cœur dévotieux.
Ainsi les hommes font à Jupiter prière:
Les hommes sont en terre, et Jupiter aux cieux.   20

---

[1] *Sonnets pour Hélène II*, lxv (1578); Cohen I, 268.
[2] The Louvre, where Hélène de Surgères, as a lady-in-waiting to Catherine de Médicis, resided.
[3] Mt. Olympus.
[4] From the courtyard below.

ÉLÉGIE[1]

Six ans étaient coulés, et la septième année
Était presques entière en ses pas retournée,
Quand loin d'affection, de désir et d'amour,
En pure liberté je passais tout le jour,
Et franc de tout souci qui les âmes dévore   25
Je dormais dès le soir jusqu'au point de l'aurore.
Car seul maître de moi, j'allais plein de loisir
Où le pied me portait, conduit de mon désir,

Ayant toujours ès mains pour me servir de guide
Aristote ou Platon ou le docte Euripide,
Mes bons hôtes muets qui ne fâchent jamais;
Ainsi que je les prends, ainsi je les remets.
O douce compagnie et utile et honnête!   5
Un autre en caquetant m'étourdirait la tête.
Puis du livre ennuyé, je regardais les fleurs,
Feuilles, tiges, rameaux, espèces et couleurs,
Et l'entrecoupement de leurs formes diverses
Peintes de cent façons, jaunes, rouges, et perses,   10
Ne me pouvant saouler, ainsi qu'en un tableau,
D'admirer la Nature et ce qu'elle a de beau,
Et de dire en parlant aux fleurettes écloses :
«Celui est presque Dieu qui connaît toutes choses,
Éloigné du vulgaire et loin des courtisans,   15
De fraude et de malice impudents artisans.»
Tantôt j'errais seulet par les forêts sauvages
Sur les bords enjonchés des peinturés rivages,
Tantôt par les rochers reculés et déserts,
Tantôt par les taillis, verte maison des cerfs.   20
J'aimais le cours suivi[2] d'une longue rivière
Et voir onde sur onde allonger sa carrière,
Et flot à l'autre flot en roulant s'attacher,
Et pendu sur le bord me plaisait d'y pêcher,
Étant plus réjoui d'une chasse muette   25
Troubler des écaillés la demeure secrète,
Tirer avec la ligne en tremblant emporté
Le crédule poisson prins à l'haim appâté,
Qu'un grand prince n'est aise ayant prins à la chasse
Un cerf qu'en haletant tout un jour il pourchasse;   30
Heureux, si vous eussiez d'un mutuel émoi
Prins l'appât amoureux aussi bien comme moi,
Que tout seul j'avalai, quand par trop désireuse
Mon âme en vos yeux but la poison amoureuse.
Puis alors que Vesper[3] vient embrunir nos yeux,   35
Attaché dans le ciel je contemple les cieux,
En qui Dieu nous écrit en notes non obscures
Les sorts et les destins de toutes créatures.
Car lui, en dédaignant, comme font les humains,
D'avoir encre et papier et plume entre les mains,   40
Par les astres du ciel, qui sont ses caractères,
Les choses nous prédit et bonnes et contraires.[4]
Mais les hommes, chargés de terre et du trépas,

Méprisent tel écrit et ne le lisent pas.
Or le plus de mon bien pour décevoir ma peine,
C'est de boire à longs traits les eaux de la fontaine
Qui de votre beau nom se brave, et en courant
Par les prés vos honneurs va toujours murmurant,   5
Et la reine se dit des eaux de la contrée,
Tant vaut le gentil soin d'une Muse sacrée
Qui peut vaincre la mort et les sorts inconstants,
Sinon pour tout jamais, au moins pour un long temps.
Là, couché dessus l'herbe, en mes discours je pense   10
Que pour aimer beaucoup j'ai peu de récompense,
Et que mettre son cœur aux dames si avant,
C'est vouloir peindre en l'onde et arrêter le vent,
M'assurant toutefois qu'alors que le vieil âge
Aura comme un sorcier changé votre visage,   15
Et lorsque vos cheveux deviendront argentés,
Et que vos yeux d'amour ne seront plus hantés,
Que toujours vous aurez, si quelque soin vous touche,
En l'esprit mes écrits, mon nom en votre bouche.
Maintenant que voici l'an septième venir,   20
Ne pensez plus, Hélène, en vos lacs me tenir.
La raison m'en délivre, et votre rigueur dure;
Puis il faut que mon âge obéisse à Nature.

[1] *Sonnets pour Hélène II*, Élégie (1584); Cohen I, 276.
[2] I.e., to follow the course.
[3] The evening.
[4] Allusion to astrological interpretation of the heavens.

ÉLÉGIES

XXIV[1]

Quiconque aura premier la main embesognée
A te couper, forêt, d'une dure cognée,   25
Qu'il puisse s'enferrer de son propre bâton
Et sente en l'estomac la faim d'Erisichthon,[2]
Qui coupa de Cérès le chêne vénérable
Et qui, gourmand de tout, de tout insatiable,

Les bœufs et les moutons de sa mère égorgea,
Puis, pressé de la faim, soi-même se mangea.
Ainsi puisse[3] engloutir ses rentes et sa terre,
Et se dévore après par les dents de la guerre.
Qu'il puisse pour venger le sang de nos forêts   5
Toujours nouveaux emprunts sur nouveaux intérêts
Devoir à l'usurier, et qu'enfin il consomme
Tout son bien à payer la principale somme.
Que, toujours sans repos, ne fasse en son cerveau
Que tramer pour néant quelque dessein nouveau,   10
Porté d'impatience et de fureur diverse
Et de mauvais conseil qui les hommes renverse.
    Écoute, bûcheron, arrête un peu le bras!
Ce ne sont pas des bois que tu jettes à bas.
Ne vois-tu pas le sang, lequel dégoutte à force   15
Des nymphes qui vivaient dessous la dure écorce?
Sacrilège meurdrier[4], si on pend un voleur
Pour piller un butin de bien peu de valeur,
Combien de feux, de fers, de morts, et de détresses
Mérites-tu, méchant, pour tuer des déesses?   20
Forêt, haute maison des oiseaux bocagers,
Plus le cerf solitaire et les chevreuls légers
Ne paîtront sous ton ombre, et ta verte crinière
Plus du soleil d'été ne rompra la lumière.
Plus l'amoureux pasteur, sur un tronc adossé,   25
Enflant son flageolet à quatre trous percé,
Son mâtin à ses pieds, à son flanc la houlette,
Ne dira plus l'ardeur de sa belle Jeanette.
Tout deviendra muet, Écho sera sans voix.
Tu deviendras campagne, et en lieu de tes bois,   30
Dont l'ombrage incertain lentement se remue,
Tu sentiras le soc, le coutre et la charrue.
Tu perdras ton silence et, haletants d'effroi,
Ni satyres ni Pans ne viendront plus chez toi.
    Adieu, vieille forêt, le jouet de Zéphyre[5],   35
Où premier j'accordai les langues de ma lyre,
Où premier j'entendis les flèches résonner
D'Apollon,[6] qui me vint tout le cœur étonner;
Où premier admirant la belle Calliope[7]
Je devins amoureux de sa neuvaine trope,[8]   40
Quand sa main sur le front cent roses me jeta
Et de son propre lait Euterpe[9] m'allaita.
Adieu, vieille forêt, adieu, têtes sacrées,

De tableaux[10] et de fleurs autrefois honorées,
Maintenant le dédain des passants altérés
Qui, brûlés en été des rayons éthérés,
Sans plus trouver le frais de tes douces verdures,
Accusent vos meurtriers et leur disent injures.   5
Adieu, chênes, couronne aux vaillants citoyens,[11]
Arbres de Jupiter, germes Dodonéens[12]
Qui premiers aux humains donnâtes à repaître,[13]
Peuples vraiment ingrats, qui n'ont su reconnaître
Les biens reçus de vous, peuples vraiment grossiers   10
De massacrer ainsi nos pères nourriciers.
     Que l'homme est malheureux qui au monde se fie!
O Dieux, que véritable est la philosophie[14]
Qui dit que toute chose à la fin périra,
Et qu'en changeant de forme une autre vêtira!   15
De Tempé la vallée[15] un jour sera montagne,
Et la cime d'Athos[16] une large campagne;
Neptune[17] quelquefois de blé sera couvert.
La matière demeure, et la forme se perd.

---

[1] *Élégies*, XXIV (1584); Cohen II, 116. Sometimes called "Contre les bûcherons de la forêt de Gastine." The Forest of Gastine was sold by Henri of Navarre (later Henri IV), perhaps as early as 1573, and parts of it were cut down. See above, p. 78, on Ronsard's early associations with the forest.

[2] Erisichthon of Thessaly had destroyed a forest consecrated to Ceres, who cursed him with an insatiable hunger.

[3] May he.

[4] *Meurtrier*.

[5] The west wind.

[6] God of poetry.

[7] Muse of epic poetry and eloquence.

[8] The troupe of nine muses.

[9] Muse of lyric poetry and music.

[10] *Ex-voto* plaques.

[11] Among the Romans, the crown of oak leaves was a reward for valor.

[12] Of Dodona, in Epirus, whose oak-trees, dedicated to Jupiter, pronounced oracles.

[13] Primitive man was supposed to have lived on acorns.

[14] That of Pythagoras as incorporated by Ovid in the *Metamorphoses*.

[15] The Vale of Tempe in Thessaly, famous for its beauty and climate.

[16] Mt. Athos, in northern Greece.

[17] The sea.

XXV

ÉLÉGIE EN FORME D'INVECTIVE[1]

Pour ce, mignon, que tu es jeune et beau,
Un Adonis, un Amour en tableau,
Frisé, fardé, qui es issu d'un père
Aussi douillet et peigné que ta mère;
Qui n'as jamais sué ni travaillé,   5
A qui le pain en la main est baillé
Dès ton enfance, et qui n'as autre gloire
Qu'avoir au flanc une belle écritoire
Peinte, houppée, et qui n'as le savoir
De lire, écrire, et faire ton devoir,   10
Ni d'exercer ta charge, qui demande
Une cervelle et plus saine et plus grande;
Tu oses bien, au milieu des repas,
Ayant les mains le premier dans les plats,
Gorgé de mets et de riches viandes,   15
De vins fumeux et de sauces friandes,
Tu oses bien te moquer de mes vers
Et, te gauchant, les lire de travers,
A chaque point disant le mot pour rire!
Si tu savais qu'ils coûtent à écrire,   20
Si tu avais autant que moi sué,
Refeuilleté Homère et remué,
Pour la science avec labeur apprendre,
Tu n'oserais, petit sot, me reprendre;
Mais tout ravi de merveille et d'émoi   25
En me chantant tu dirais bien de moi,
Et me voyant un astre de la France
Aurais mon nom en crainte et révérence.
Je ne suis pas, petit mignon de cour,
Un importun qui court et qui recourt   30
Après tes pas, quand un grand lui ordonne
Un froid présent; qui au matin te donne
Bonnet, genoux, pour ta grâce acquérir.
Je ne suis tel; j'aimerais mieux mourir!
Je suis issu de trop gentille race.   35
Ce n'est pour toi que le papier je trace,
C'est pour moi seul, quand j'en ai le loisir,
Et c'est, mignon, faute d'autre plaisir;

En me plaisant je veux bien te déplaire.
Or, si ta bave échauffe ma colère
Et si ta langue en ton palais n'est coi,
Les chiens, les chats pisseront dessus toi
Parmi la rue, et mille harengères   5
Te piqueront de leurs langues légères,
Et d'un brocard qui point, injurieux,
Te jetteront la honte sur les yeux.
En cependant, pour bien vivre à ton aise,
Je te souhaite une femme punaise,   10
Je te souhaite[2] un cocu bien cornu,
Et pour braver vendre ton revenu.
Puis, ne pouvant au roi tes comptes rendre,
A Montfaucon[3] tout sec puisses-tu pendre,
Les yeux mangés de corbeaux charogneux,   15
Les pieds tirés de ces mâtins hargneux
Qui vont grondant hérissés de furie
Quand on approche auprès de leur voirie.
Autre tombeau tu n'as point mérité,
Qui as médit de la divinité.   20
Hé! qu'est-il rien plus divin qu'un poète?
Esprit sacré qui tantôt est prophète
Haut sur la nue, et tantôt il est plein
D'un Apollon[4] qui lui enfle le sein?
Enfant du ciel et non pas de la terre,   25
Qui fait toujours aux ignorants la guerre
Ainsi qu'à toi, sottelet éhonté,
Enfant aîné de toute volupté,
Toujours suivi de muguets tes semblables,
Moqueurs, causeurs, écornifleurs de tables,   30
Qui, bien repus, autant de nez te font[5]
Qu'a de probosce un vieil rhinocéront!
Et toutefois tu fais de l'habile homme,
Comme nourri à Naples ou à Rome,[6]
Poisant tes mots en balançant le chef,   35
Feignant de craindre un dangereux méchef
Sur notre France; et curant ta dent creuse
D'une lentisque écumeuse et baveuse,
Trompes ainsi les pauvres abusés
En la façon que les marchands rusés   40
Qui, safraniers par méchantes pratiques,
N'ont point de draps aux secondes boutiques,
Mais montrant tout dès le premier abord,

Font bonne mine et se vantent bien fort.
Ainsi, mignon, sans avoir dedans l'âme
Rien de vertu, tu couvres ton diffame
D'un masque faux et d'un front éhonté.
Ainsi fardé de toute volupté   5
Comme un bouffon ton visage se montre
Un vrai hibou de méchante rencontre.
Dieu, qui ne prend les hommes pour conseil,
N'aima jamais les hommes pleins d'orgueil,
Hommes poitris[7] de limonneuse terre,   10
Frêles et prompts à casser comme un verre.
Il hait Briare[8] et tous ces orgueilleux
Géants mondains, qui tirent après eux,
Pour n'avoir point de compagnons, l'échelle
Des grands faveurs et des biens, par laquelle   15
Ils sont montés en haute dignité;
Et cependant ils prêtent charité
A quelque sot qui pour dieux les adore
Et tels les pense, ainsi que fait un More
Qui peint les dieux aussi noirs comme lui,   20
Et à soi-même il accompare autrui.
Mais si le fat vieillissant temporise
Jusqu'à porter au menton barbe grise,
Il les verra trébucher d'un beau saut,
Ou ses enfants en verront l'échafaud.   25
Toujours du ciel la bruyante tempête
Des hauts rochers vient saccager la tête,
Où les éclats des foudres trébuchants
Vont pardonnant aux collines des champs.
Heureux celui qui du coutre renverse   30
Son gras guéret d'une peine diverse,
Tantôt semant, labourant et cueillant,
Dès le matin jusqu'au soir travaillant!
Si tant d'orgueil autour de lui n'habite,
Si tant de biens qui s'écoulent si vite,   35
A tout le moins il loge en sa maison
Moins de faveur et beaucoup de raison,
Dont il gouverne en repos sa famille
Loin du palais, du prince et de la ville;
Où tu languis aux portes bien souvent   40
Des grands seigneurs pour un petit de vent,
Pour la faveur qui s'enfuit comme un hôte
Que la Fortune en quatre jours nous ôte.

Beaucoup de biens tu apprends d'acquérir,
Mais tu n'apprends, petit sot, à mourir,
Ni d'être aimé, ni à sauver ta vie,
Ni à tromper la rancune et l'envie
Qui te poursuit d'une haine en son cœur   5
Et tout le ciel accuse de rigueur
Dequoi tu vis, et dequoi le tonnerre
Ton chef maudit n'écrase contre terre.

[1] *Élégies*, xxv (1569); Cohen II, 118.
[2] I hope you may be.
[3] Site outside Paris famous for its gallows.
[4] I.e., poetic inspiration.
[5] Turn up at you noses as big....
[6] I.e., having an Italian's wiliness.
[7] *Pétris*.
[8] Briareus, one of the giants who revolted against the gods.

DERNIERS VERS

VI[1]

Il faut laisser maisons et vergers et jardins,
Vaisselles et vaisseaux que l'artisan burine,   10
Et chanter son obsèque en la façon du cygne
Qui chante son trépas[2] sur les bords Mæandrins.[3]
C'est fait, j'ai dévidé le cours de mes destins,
J'ai vécu, j'ai rendu mon nom assez insigne,
Ma plume vole au ciel pour être quelque signe,[4]   15
Loin des appas mondains qui trompent les plus fins.
Heureux qui ne fut onc, plus heureux qui retourne
En rien comme il était, plus heureux qui séjourne,
D'homme fait nouvel ange, auprès de Jésus-Christ,
Laissant pourrir çà-bas sa dépouille de boue,   20
Dont le sort, la fortune, et le destin se joue,
Franc des liens du corps pour n'être qu'un esprit.

[1] *Derniers vers*, vi (1586); Cohen II, 637.
[2] The swan was supposed to sing at the moment of its death.
[3] The Meander, in Asia Minor, was famous for its swans.
[4] I.e., a new star.

A SON ÂME[1]

Âmelette Ronsardelette,
Mignonnelette, doucelette,
Très chère hôtesse de mon corps,
Tu descends là-bas faiblelette,
Pâle, maigrelette, seulette,   5
Dans le froid royaume des morts;
Toutefois simple, sans remords
De meurtre, poison, ou rancune,
Méprisant faveurs et trésors
Tant enviés par la commune.   10
Passant, j'ai dit; suis ta fortune,
Ne trouble mon repos, je dors.

[1] *A son âme* (1586); Cohen II, 637. Ronsard is here imitating the
epigram composed by the emperor Hadrian shortly before his death,
Animula vagula blandula.

JEAN-ANTOINE DE BAÏF

The humanist interests and associations of Lazare de Baïf, ambassador to Venice for Francis I, were largely responsible for the intellectual formation of the Pléiade group. Lazare's son, Jean-Antoine, was born in Venice of an unmarried Venetian woman in February, 1532; he was educated in Paris. Lazare chose for his tutor the great humanist Jean Dorat, under whom the young Baïf and Ronsard studied from 1544 onward; Du Bellay joined them around 1547. Jean-Antoine's first book of verse, the *Amours de Méline* (1552), derived from Greek and Latin sources as well as from Petrarch. In 1554 he took up residence in Poitiers. His second collection, the *Amour de Francine* (1555), shows some imitation of Bembo, Sannazaro, and Ronsard, and is better than the first. In 1556 he translated Pico della Mirandola's *Traité de l'Imagination*; during subsequent years he visited with Vauquelin de la Fresnaye in Normandy, travelled extensively in France and Italy, and was tonsured. On January 28, 1567, his comedy, *Le Brave* (an adaptation of Plautus' *Miles Gloriosus*), was produced at the Hôtel de Guise, and later that year he published *Le Premier des Météores*, a didactic poem on astronomy. In 1570 he helped found the Académie de Poésie et de Musique. The *Œuvres en rime* of 1573 contained much new material, including translations of Sophocles' *Antigone* and Terence's *Eunuch*. Other works followed in rapid succession: the *Etrénes de poézie fransoêze an vers mezurés* in 1574, the *Mimes, enseignements et proverbes* in 1576, the *Carmina* in 1577, and the *Chansonnettes*, with music of Mauduit, in 1587. On May 3 of that year Baïf was awarded a golden Apollo by the Jeux Floraux de Toulouse. He died at Paris in October, 1589.

Although Baïf was closely involved in the experimental endeavors of the Pléiade—attempts at quantitative verse, at a new phonetic spelling, at translation and adaptation of classical dramatists—he was not a highly original or highly successful poet. He lacked the genius and the artistic insight of some of his fellows. His poems are representative of the major tendencies of the period, and some of them have a simplicity and a grace which merit their survival. They are pleasant and clear, amiable and well-organized, without attaining the heights of poetic achievement.

READINGS

Mathieu Augé-Chiquet, *La vie, les idées et l'oeuvre de Jean-Antoine de Baïf*, Paris, Hachette, 1909.

AMOURS DE MÉLINE, I[1]

O que ne puis-je aussi bien te déduire
Mon grief tourment comme je me propose!
Je le sais bien, je pourrais quelque chose
Pour amollir la rigueur de ton ire.
Ou que ne puis-je en mille vers écrire   5
La douleur griève en mes veines enclose,
Aussi hardi comme craintif je n'ose
Devant tes yeux, Madame, te la dire!
Je dépeindrais tant au vif ta rudesse
Et tout joignant ma fidèle simplesse,   10
Ta grand rigueur, mon humble obéissance,
Qu'à tout jamais tous hommes de tout âge
Plaindraient l'ardeur de ma constante rage,
Blâmant l'orgueil de ta fière puissance.

NOTE: Basic text for Baïf, ed. Ch. Marty-Laveaux, *Evvres en rime*, Paris, 1881, volume I, "La Pléiade françoise." Since the poems are unnumbered, I have given them my own numbers when more than one poem was used from a given collection. Text of 1573.
[1] *Amours de Méline, I*; M.-L., p. 16.

AMOUR DE FRANCINE, I[1]

I

Ni la mer tant de flots à son bord ne conduit,   15
Ni de neige si dru ne se blanchit la terre,
Ni tant de fruits l'automne aux arbres ne desserre,
Ni tant de fleurs aux prés le printemps ne produit,
Ni de tant de flambeaux la nuit claire ne luit,
Ni de tant de fourmis la fourmilière n'erre,   20
Ni la mer en ses eaux tant de poissons n'enserre,
Ni tel nombre d'oiseaux traversant l'air ne fuit,

Ni l'hiver paresseux ne flétrit tant de feuilles,
Ni le thym ne nourrit en Hyble[2] tant d'abeilles,
Ni tant de sablon n'est en Libye[3] épandu,
Comme pour toi, Francine, et de pensers je pense,
Et je souffre d'ennuis, et de soupirs j'élance,   5
Et je répands de pleurs, ton amant éperdu.

[1] *Amour de Francine, I.* The sonnets included are found on the following pages of M.-L., I: I, p. 98; II, p. 100; III, p. 102; IV, p. 107; V, p. 125; VI, p. 138; VII, p. 141.
[2] Hybla, in Sicily, was famed for its honey.
[3] Used here as a general name for the African deserts.

II

Si votre intention, Madame, est de me faire
Quitter mon entreprise en vous montrant cruelle,
Tout autant que peu douce, autant peu soyez belle;
Lors vous me convaincrez et si me ferez taire.   10
Mais jamais nul repos à mon mal je n'espère,
Car vous m'êtes toujours trop rebelle et trop belle;
Et qui voudrait jamais me défendre, si celle
Qui me devrait aider m'est la plus adversaire?
Or dame, d'autant plus que d'une fierté vaine   15
Amour vous cuideriez de mon cœur rendre étrange,
Plus amour gronde en moi, ô mon indigne peine!
Et dit: «Ne pense pas que de place je change,
Combien que mille fois le jour ton inhumaine
Contreuve contre toi des tourments à rechange.»   20

III

Si ce n'est pas amour, que sent donques mon cœur?
Si c'est amour aussi, pour Dieu quelle chose est-ce?
S'elle est bonne, comment nous met-elle en détresse?
Si mauvaise, qui fait si douce sa rigueur?
Si j'ars de mon bon gré, d'où me vient tout ce pleur?   25
Si maugré moi, que sert que je pleure sans cesse?
O mal plein de plaisir! ô bien plein de tristesse!
O joie douloureuse! ô joyeuse douleur!

O vive mort, comment peux-tu tant sur mon âme
Si je n'y consens point? mais si je m'y consens,
Me plaignant à grand tort, à grand tort je t'en blâme.
Amour bon et mauvais bon gré maugré je souffre;
Heureux et malheureux, et bien et mal je sens;   5
Je me plains de servir où moi-même je m'ouffre.[1]

    [1] Offre.

IV

Que le siècle revînt de celle gent dorée,[1]
Quand les ruisseaux de vin par les prés se roulaient,
Les sourgeons de doux lait hors des roches coulaient,
La terre portait tout sans être labourée;   10
Quand l'amant et l'amie en franchise assurée
Par les bocages frais sans soupçon s'en allaient,
Où mussés sous l'ombrage, à l'heure qu'ils voulaient,
Ils flattaient de plaisir leur âme enamourée;
Souvent, dieux de ces bois, avecques ma Francine   15
Vous me verriez ici. O nymphe Jobertine,[2]
Souvent tu nous verrais nous laver de tes eaux.
Mais, ô siècle de fer qui l'amour désassemble!
Ta mauvaise façon nous garde d'être ensemble
Et seul me fait languir parmi ces arbrisseaux.   20

    [1] The Golden Age, mythical period of peace, abundance, and
happiness.
    [2] Unidentified allusion.

V

De ce petit tableau, en qui vit ma peinture,
Je t'étrenne, Francine; et jamais nul portrait
Ne suivit mieux du vif et le teint et le trait
Qu'on peut voir ma semblance en cette portraiture.
J'ai blême la couleur, pâle est cette figure;   25
Elle n'a point de cœur, le mien tu m'as soutrait;
Elle ne parle point, et moi je suis muet
Sitôt que je te vois, miracle de nature!

Mais, semblables en tout, nous différons d'un point:
Car de si âpre flamme il ne brûlera point
Comme est âpre le feu qui dans moi vient s'éprendre,
Ou s'il s'y éprenait (comme rien ne pourrait
Se sauver de ton feu), c'est qu'il ne demourrait   5
Si longtemps en langueur, mais s'en irait en cendre.

VI

Tant que le clair soleil dessus la terre éclaire,
Tant que l'obscure nuit obscurcit le beau jour,
De plaindre et de plorer je ne fais nul séjour,
Y donnant tout mon temps sans autre chose faire.   10
J'amenuise mon cœur d'une poison amère,
En pleurs je fonds mes yeux, si bien le fier Amour
Et de traits et de feux me gêne tour à tour,
Sans qu'un rien de repos tant seulement j'espère.
O que mon mal est grand, quand les jours et les nuits   15
Ne peuvent pas fournir à plaindre mes ennuis!
O qu'amour me meurdrit en un cruel martyre!
Hé! je ne me plains tant, non même de mourir,
Que d'une je me plains, qui me peut secourir
Et voit ma mort voisine, et ne s'en fait que rire.   20

VII

Si j'avais le pouvoir, comme j'ai le courage,
De chanter ta valeur ainsi qu'elle mérite,
En un style plus haut on la verrait écrite,
Qui d'ici à mille ans en port'rait témoignage.
En vain je n'aurais vu ce beau jour de ton âge,   25
Amour n'aurait en vain, d'un de ses traits d'élite,
Pour toi navré mon cœur; car ni la mort dépite
Ni le temps sur nos noms n'auraient point d'avantage.
Mais lise qui voudra les livres pour apprendre
Des auteurs anciens la science immortelle,   30
D'ailes se garnissant pour voler à la gloire;
Quant à moi, sans cela j'ose bien entreprendre,
Guidé de tes beaux yeux et de leur clarté belle,
Dresser de notre amour assez longue mémoire.

AMOUR DE FRANCINE, II[1]

I

Comme le papillon, par une clarté belle
Doucement convié à voler dans le feu,
Virevolte alentour, de la beauté déceu,
Tant de fois qu'à la fin il meurt sur la chandelle;
Et bien qu'il ait senti la brûlure cuisante,　　　　　　　5
Si ne laisse-t-il pas d'y revoler toujours,
Cuidant vaincre à la fin par maints et maints retours
L'ardeur, pour y jouir de la beauté plaisante;
Mais le pauvret y va par tant et tant de fois
Qu'il y demeure pris jusqu'à perdre sa vie;　　　　　　10
Cruelle belle, ainsi défaire tu me dois!
Ainsi me promettant jouir de ta beauté,
Mon amour envers toi sera tant poursuivie
Qu'enfin j'y sentirai ta seule cruauté.

---

[1] *Amour de Francine, II.* The two sonnets included are found in
M.-L., I, 151 and 184.

II

Ainsi donc va le monde, ô étoiles cruelles!　　　　　　15
Ainsi dedans le ciel commande la justice!
Tel décret maintient donc la céleste police!
Tel est le beau destin des choses éternelles!
Ainsi donc la fortune aux âmes les moins belles,
Qui fuient la vertu, se montre plus propice!　　　　　　20
A celles qui bien loin se bannissent du vice
Elle apprête toujours mille peines nouvelles.
Et ne devait-on pas de cette beauté rare
Et de ce bel esprit la divine excellence
Voir sur toute autre dame en honneur élevée?　　　　　25
Mais le destin l'empêche et le monde barbare
Le souffre et le permet. Ah! siècle d'ignorance!
Ah! des hommes pervers, ah, raison dépravée!

AMOUR DE FRANCINE, III[1]

Hélas! si tu me vois constant en inconstance,
Et changer de propos et muer de visage
Comme le flot d'amour me recule ou m'avance;
   Hélas! si tu me vois varier d'heure en heure,
De moment en moment entre raison et rage,   5
Sans qu'un rien en un point un même je demeure;
   Tu dis que je te mets en doute, ma Francine,
Par ce qui te devrait donner plus d'assurance
Du feu chaud de l'amour qui bout dans ma poitrine.
   Las! tu vois bien assez ce qui me fait volage;   10
Et qui a vu la nef en certaine constance
Çà là ne chanceler au milieu d'un orage?
   Et du cruel amour tant de tempêtes troublent
Mon esprit forcené, que la raison peu caute
Son timon abandonne aux flots qui se redoublent.   15
   Ainsi Francine, ainsi tout partout variable
Sinon en ton amour à faire quelque faute,
Je me montre en ma foi fermement immuable.

[1] *Amour de Francine, III.* M.-L., I, 219.

DIVERSES AMOURS, I[1]

Hier cueillant cette rose en automne fleurie,
Je mis devant mes yeux notre été qui s'enfuit,   20
Et l'automne prochain, et l'hiver qui le suit,
Et la fin trop voisine à notre chère vie.
La voyant aujourd'hui languissante et flétrie,
Un regret du passé à plorer me conduit.
La raison, que le deuil pour un temps a séduit,   25
Juge que cet exemple à plaisir nous convie.
Belle, que vous et moi serons bien à reprendre,
Hé, si le bien présent nous dédaignons de prendre
Tant que voyant le jour ici nous demourons!
Las, hélas! chaque hiver les ronces effeuillissent,   30
Puis de feuille nouvelle au printemps reverdissent;
Mais sans revivre plus une fois nous mourons!

[1] *Diverses Amours, I.* M.-L., I, 316.

REMY BELLEAU

When Remy Belleau joined the Pléiade group, he brought to it the tradition of another Parisian humanistic center, that of the Collège de Boncourt. He had been born in 1528 at Nogent-le-Rotrou (Percheron) and his early studies had been subsidized by Chretophle de Choiseul, Abbé de Mureaux. At Boncourt he had participated in the performance of Jodelle's plays in 1553, a performance which brought together the groups of Coqueret and Boncourt. Thus the pupils of Dorat came into contact with those of Muret. Belleau later studied with Ramus at the Collège Royal, perfecting his knowledge of Greek. In 1556 he published his translation of Anacreon, the first in France, and included some of his own poems in the *Petites inventions*. In the same year he served as a soldier in Italy with the Duc de Guise; on his return he continued his studies in Paris and carried on a flirtation with Protestant circles. When he became tutor to Charles d'Elbeuf in 1563 he moved to the Château de Joinville, where he remained until 1566. While there he wrote his *Bergerie*, in prose with intercalated verse sections, which he published in 1565; a second edition in 1572 added the "seconde journée." He read a part of his *Eclogues sacrées* to Charles IX at Fontainebleau in 1573, and published them along with his *Pierres précieuses* in 1576. On March 6, 1577 he died in Paris after a long illness. His *Œuvres complètes*, published posthumously in 1578, included his translation of Aratus' *Phaenomena* and a comedy, *La Reconnue* (written after 1563).

Belleau's principal contribution to the poetry of his time was in the field of descriptive poetry, above all in the description of nature. There he achieved a kind of realism of effect along with a charm of presentation which are his own. Some of the sections of the *Bergerie* have a surprising resemblance to certain characteristics of the contemporary English poets. His one comedy shows a marked advance over the works of his predecessors in the same type, especially in the direction of an easy, colorful style, of realistic observation, and of experiment in the typically French genre of the *comédie de mœurs*.

READINGS

Alexander Eckhardt, *Remy Belleau, sa vie, sa "Bergerie,"* Budapest, Németh, 1917.

Hermann Wagner, *Remy Belleau und seine Werke*, Leipzig, O. Schmidt, 1890.

PETITES INVENTIONS[1]

ODE SUR LES RECHERCHES DE E. PASQUIER[2]

Celui qui docte se propose
Bâtir aujourd'hui quelque chose
Est né sous un ciel malheureux;
Car toute œuvre laborieuse
Qui part de main industrieuse   5
Demande un siècle plus heureux:
    Un siècle pour le moins qui prise
L'ouvrier et qui le favorise,
Sans le frauder de son honneur.
Siècle ingrat, qui dessous la poudre   10
Laisses trop vilement dissoudre
L'ouvrage d'un gentil labeur,
    Tu te ris si l'on te retrace
Quelque trait à l'antique grâce.
Tu prends toute chose à dédain.   15
Tu ne fais cas que des étranges,
Dérobant les justes louanges
De ceux qui naissent dans ton sein.
    Tu ne veux qu'une maison grande,
Sans savoir que le temps commande   20
Sur les desseins de ton cerveau,
Enterrant la sourde mémoire
Et de ton nom et de ta gloire
Sous l'oubli d'un même tombeau.
    La vertu te sert de risée   25
Et la science méprisée
S'écoule et te vient à mépris;
Rien ne te plaît que l'ignorance
Dessous la masque d'arrogance
Qui fait rougir les mieux appris.   30
    Si faut-il confesser encore
Que le saint labeur qui redore
L'honneur de ces siècles derniers
A trouvé l'argentine course
De la fontaine dont la source   35
Enivra les siècles premiers.[3]

As-tu pas eu la connaissance
D'une brigade[4] dont la France
Heureuse se doit estimer,
Qui vint comme à la saison belle
Les arrondeaux à tire d'aile   5
Viennent en foule d'outremer?

Ou comme par la nuit muette
On voit une étoile seulette,
Puis mille et mille en un moment?
Ou dans la marine troublée   10
La vague en cent flots redoublée,
Qui n'enfle que d'un petit vent?

Mais cette troupe non mortelle
N'a pas trouvé la faveur telle
Du ciel qu'elle espérait avoir;   15
Car son odeur s'est tôt perdue,
Comme au vent se perd une nue
Ou la lumière sur le soir.

Le laurier qui le chef enserre
Fait l'un héritier d'un caterre   20
Plutôt que de le rendre sain;
L'autre se collant sur le livre
Trompe la mort, pour après vivre,
Et n'a pas pour tromper sa faim.

L'un se peint un visage blême   25
Et l'autre, aux dépens de soi-même,
Enrichit de France le nom;
Encore la plaie est ouverte
De mon Du Bellay, dont la perte
Fait perdre aux muses le renom.[5]   30

Mais Pasquier, dépitant l'envie
Et le sort dont elle est suivie,
Maugré l'injure de ce temps,
Donne le jour à son ouvrage,
N'espérant tirer davantage   35
De lui que la rouille des ans,

Encor qu'on y voie décrite
L'occasion de l'entresuite
Des républiques de nos Rois,
Et comme doivent les provinces   40
Baisser le chef dessous leurs princes
Et sous la rigueur de leurs loix.

NOTE: Basic text for Belleau, ed. Ch. Marty-Laveaux, *Œuvres poétiques*, Paris, 1878, 2 volumes, "La Pléiade françoise." Text of 1578.

[1] *Petites inventions*. The poems included appear on the following pages of M.-L., I: *Ode*, p. 117; I, p. 143; II, p. 176.

[2] *Ode*. First published in Pasquier's *Recherches de la France*, Paris, 1560.

[3] One of the fountains sacred to the muses, e.g., the Pierian Spring or Helicon.

[4] The Pléiade group of poets.

[5] Du Bellay had died on January 1, 1560, at the age of 37.

I

Ce jourd'hui que chacun prodigue sa largesse,
Libéral je vous donne en étrenne mon cœur;
Encor que le présent soit de peu de valeur,
Ne le refusez pas, je vous supply, maîtresse.
Logez-le près du vôtre, et soyez son hôtesse.   5
Il n'est pas importun, rapporteur ni menteur,
Et sais qu'il vous sera fidèle serviteur
Si de vous il reçoit quelque douce caresse.
Donnez-lui tant soit peu d'honnête liberté,
Ouvrez-lui le trésor de votre volonté,   10
Soyez-lui, comme un roc, constante et non muable.
S'il peut gagner ce point il est récompensé
Des faveurs qu'il prétend, et trop mieux avancé
S'il connaît seulement qu'il vous soit agréable.

II

Qui ne dirait, ô Dieu! voyant la pauvre France,   15
La France ensorcelée et surprise d'erreur,
De guerre, de famine, et de peste et de peur,
Que tu as déployé sur elle ta vengeance?
Mais tu n'es point vengeur, ains la sûre défense,
Le secours et l'appui et le rempart plus seur   20
Des pauvres affligés; mais, las! tout ce malheur
Ne peut naître d'ailleurs sinon de notre offense.
Contente-toi, Seigneur, et que ta main divine
Dessous le ciel français nous montre quelque signe
Que tu as comme père adouci ton courroux.   25
Nous sommes tes enfants, et tu es notre père;
Doncques à celle fin que ta race prospère,
Regarde-nous, Seigneur, de ton œil le plus doux.

LA BERGERIE, I

AVRIL[1]

Avril, l'honneur et des bois
 Et des mois;
Avril, la douce espérance
Des fruits qui sous le coton
 Du bouton   5
Nourrissent leur jeune enfance;

Avril, l'honneur des prés verts,
 Jaunes, pers,
Qui d'une humeur bigarrée
Émaillent de mille fleurs   10
 De couleurs
Leur parure diaprée;

Avril, l'honneur des soupirs
 Des zéphyrs,
Qui sous le vent de leur aile   15
Dressent encor ès forêts
 Des doux rets
Pour ravir Flore[2] la belle;

Avril, c'est ta douce main
 Qui du sein   20
De la nature desserre
Une moisson de senteurs
 Et de fleurs,
Embâmant l'air et la terre.

Avril, l'honneur verdissant,   25
 Florissant
Sur les tresses blondelettes
De ma dame, et de son sein
 Toujours plein
De mille et mille fleurettes.   30

Avril, la grâce et le ris
    De Cypris,[3]
Le flair et la douce haleine;
Avril, le parfum des dieux
    Qui des cieux   5
Sentent l'odeur de la plaine:

C'est toi courtois et gentil
    Qui d'exil
Retires ces passagères,
Ces arondelles qui vont   10
    Et qui sont
Du printemps les messagères.

L'aubépine et l'églantin,
    Et le thym,
L'œillet, le lis, et les roses,   15
En cette belle saison
    A foison
Montrent leurs robes écloses.

Le gentil rossignolet
    Doucelet   20
Découpe dessous l'ombrage
Mille fredons babillards,
    Frétillards,
Au doux chant de son ramage.

C'est à ton heureux retour   25
    Que l'amour
Souffle à doucettes haleines
Un feu croupi et couvert
    Que l'hiver
Recélait dedans nos veines.   30

Tu vois en ce temps nouveau
    L'essaim beau
De ces pillardes avettes
Voleter de fleur en fleur,
    Pour l'odeur   35
Qu'ils mussent en leurs cuissettes.

Mai vantera ses fraîcheurs,
    Ses fruits meurs
Et sa féconde rosée,
La manne et le sucre doux,
    Le miel roux   5
Dont sa grâce est arrosée.

Mais moi je donne ma voix
    A ce mois
Qui prend le surnom de celle
Qui de l'écumeuse mer   10
    Vit germer
Sa naissance maternelle.[4]

[1] *Avril.* M.-L., I, 201.
[2] Goddess of flowers; hence, metaphorically, flowers themselves.
[3] Venus.
[4] Venus, born of the sea-foam near the island of Cyprus; in her honor, the Romans called April the *mensis Veneris.*

Et bref c'est une chose étrange[1]
Qu'il semble qu'un contraire échange
De plaisir ou de passion   15
Nous punisse par le contraire
Du bonheur qui nous vient attraire
A suivre notre affection.
    Il semble que notre poursuite
Ne soit seulement qu'une fuite   20
Du bien que plus nous poursuivons;
Ce qu'aimons plus, plus nous travaille
Pour nous remettre à la tenaille
De cela que plus nous fuyons;
    Comme celui qui se propose   25
De n'avoir jamais autre chose
Dedans la bouche que l'honneur,
Rien qu'entreprises glorieuses,
Plus souvent s'écoulent venteuses,
S'honorant de son déshonneur.   30

[1] *Bergerie, I.* M.-L., I, 257.

LA BERGERIE, II

PRIÈRE IX[1]

Pourquoi m'as-tu tiré du fond de la matrice,
Moi qui ne suis qu'ordure et que fange et que vice?
Mort-né je fusse mort,[2] jamais œil ne m'eût veu
Chétif comme je suis, et serais aussi peu
       Que j'étay avant que d'être;   5
       Car sitôt que je vins naître
       L'on m'eût du ventre au tombeau
       Porté comme en un berceau.

Le nombre de mes jours est bien petit, ô Sire.
Laisse-moi donc parler, permets que je soupire   10
Et que je me console auparavant qu'aller
Aux lieux sombres et noirs où me faut dévaler,
       Sous la terre ténébreuse,
       Au lieu de la nuit ombreuse,
       En ce lieu où est le fort   15
       Que tient l'ombre de la mort;

Au lieu où sans retour il nous convient descendre,
La proie du tombeau, des vers, et de la cendre;
Au lieu où le désordre et la sédition
Exerce pêle-mêle une confusion;   20
       Entre les nuits éternelles,
       Loin de nos lumières belles,
       Dessous l'empire d'horreur,
       D'ombres, de plaints, et de peur.

[1] *Prière IX.* M.-L., II, 11.
[2] Had I died by being still-born.

PONTUS DE TYARD

By his life-long associations with the Lyonese school and by his early conversion to the Pléiade, Pontus de Tyard in a sense bridges the gap between the two groups. He was born at the Château de Bissy (Mâcon) in 1521, studied at the University of Paris, began to write around 1543-44. In November, 1549, he published his *Erreurs amoureuses*, a collection of poems celebrating an unidentified "Pasithée" and showing the influence of Scève; the Platonic, Petrarchan, and Italian modes are already strongly exemplified. The *Continuation* of this work, in 1551, however, indicated that he had accepted the lead of Ronsard and Du Bellay. In the same year he published an anonymous translation of Leo Hebraeus' *Dialoghi d'Amore*. Two treatises, the *Solitaire premier* on poetic inspiration and the *Solitaire second* on music, followed in 1552, and a third book of *Erreurs* and other verses in 1555. During these years Tyard lived as a *grand seigneur* in his château at Bissy, where he was visited by such intellectuals as Scève and Jacques Peletier du Mans; he devoted himself largely to the composition of the philosophical dialogues and tracts which were soon to appear: the *Discours du temps, de l'an, et de ses parties* in 1556, *L'Univers* in 1557, the *Mantice* (on astrological divination) in 1558. Later, around 1569-78, he lived in Paris, where he frequented the salon of Catherine, Comtesse de Retz, and where for some years he was reader to Henri III. Upon his appointment, in 1578, as Bishop and Count of Chalon-sur-Saône he was tonsured and took up residence at that city; but he got into difficulties over the Ligue, and resigned his bishopric in 1594. The last years of his life, devoted largely to translation of erudite works, were spent at his castle at Bragny, where he died in September, 1605.

The poetry of the "grave Pontus" perhaps reflects to an excessive degree his preoccupations as a scholar. One does not find in his poems much spark of originality. But they deal very competently with the habitual themes of the period, and some of them demonstrate a neat capacity for concentrating the lyric about a single central point and for producing the proper effect to be associated with the idea.

READINGS

J.-P.-Abel Jeandet, *Pontus de Tyard*, Paris, Aubry, 1860.

John C. Lapp (editor), *The Universe of Pontus de Tyard*, Ithaca, Cornell University Press, 1951 (contains a biographical introduction).

ERREURS AMOUREUSES, I[1]

XI

Tu es, cruelle, à mon heur trop contraire
Et trop ardente à mon grand déplaisir,
Trop ennemie à mon bouillant désir,
Lente à mon bien et prompte à me méfaire.
De ces doux traits, dont tu sais si bien traire   5
Les cœurs à toi, tu vins le mien saisir
Si vivement, que je ne puis choisir
Ailleurs qu'en toi plaisir pour me complaire.
Et toutefois tu t'es de moi ravie
Pour me priver de l'âme de ma vie,   10
Cachant tes yeux qui me soulaient nourrir.
Las! si mon vivre ainsi t'est odieux,
Reviens, cruelle, et montre tes beaux yeux,
Qui me feront cent fois le jour mourir.

NOTE: Basic text for Tyard, ed. Ch. Marty-Laveaux, *Les Œuvres
poétiques*, Paris, 1875, "La Pléiade françoise." Text of 1573.
   [1] *Erreurs amoureuses, I.* The poems included are found on the
following pages in M.-L.: XI, p. 18; *Disgrâce,* p. 19; *Épigramme,*
p. 40; XLII, p. 44.

DISGRÂCE

La haute Idée, à mon univers mère,   15
Si hautement de nul jamais comprise,
M'est à présent ténébreuse chimère.
   Le tout, d'où fut toute ma forme prise,
Plus de mon tout, de mon tout exemplaire,
M'est simplement une vaine feintise.   20
   Ce qui soulait mon imparfait parfaire
Par son parfait, sa force a retirée,
Pour mon parfait en imparfait refaire.
   Le Ciel, qui fut mon haut ciel empyrée,
Fixe moteur de ma force première,   25
Pour m'affaiblir rend sa force empirée.

La grand clarté, à luire coutumière
En mon obscur, me semble être éclipsée
Pour me priver du jour de sa lumière.
   La sphère en rond, de circuit lassée
Pour ma faveur, malgré sa symmétrie   5
En nouveau cours contre moi s'est poussée.
   La harmonie, aux doux concents nourrie
Des sept accords, contre l'ordre sphérique
Horriblement entour mon ouïr crie.
   Le clair soleil, par la ligne écliptique   10
De son devoir mes yeux plus n'illumine,
Mais, puisque pis ne peut, se fait oblique.
   La déité qui de moi détermine
De ne prévoir que mon malheur m'assure,
Et au passer du temps mon bien termine.   15
   L'âme qui fit longtemps en moi demeure
Iniquement d'autre corps s'associe,
Et s'éloignant de moi, veut que je meure,
Pour s'exercer en palingénésie.

ÉPIGRAMME

Lors fut Nature et dextre et disposée   20
A bien former un œuvre souverain
Quand elle mit à ma dame la main,
Suivant l'Idée au ciel jà composée.
Tant la rendit sage, honnête et posée,
Belle au parfait de son invention,   25
Qu'elle eût été sans imperfection
Ne fût son cœur de si gelante glace
Que mon ardente et chaude affection
Ne peut dedans tant soit peu trouver place.

XLII

Au maniment de ses deux mains marbrines   30
Dessus le luth ou dessus l'épinette,
Et au mouvoir tant soudain et honnête
De ses dix doigts bordés de perles fines,
Puis au sortir des paroles divines
Hors des coraux de cette bouche nette,   35
J'oy un doux son, dame, qui m'admonête
Que je verrai tes cruautés bénignes.

Car il n'y a créature en ce monde
En qui rigueur ou fierté tant abonde
Qu'on n'adoucît avec telle harmonie;
Dont il faudra (Amour m'en a fait seur)
Que puisqu'en toi loge telle douceur,   5
La rigueur soit enfin de toi bannie.

ERREURS AMOUREUSES, III[1]

IV

Père divin, sapience éternelle,
Commencement et fin de toute chose,
Où en pourtrait indéléble repose
De l'univers l'Idée universelle,   10
Vois de tes rais la plus belle étincelle
Qui soit çà-bas en corps humain enclose,
Que la trop fière impiteuse Parque[2] ose
Tirer du clos de sa cendre mortelle.
Donc de mon feu pourra la flamme claire   15
Qui à vertu heureusement m'éclaire
Me délaisser en ténébreuse plainte?
Ah! non. Plutôt pleuve la cruauté
Du ciel sur moi que voir celle clarté
De mon soleil avant son soir éteinte.   20

---

[1] *Erreurs amoureuses, III.* IV, M.-L., p. 103; XXVIII, M.-L., p. 116.
[2] Any one of the Fates, probably Atropos.

XXVIII[1]

Tu sais disertement tirer d'obscurité
Du grand peuple Gaulois la superbe origine;[2]
Tu sais avec quel branle une prose chemine
Et dessous quelle loi un vers est arrêté.
Tu sais connaître au ciel quelle immortalité   25
Survit à notre mort;[3] d'une essence divine,
D'un secret naturel, de sa cause et son signe,
Tu sais subtilement montrer la vérité.

Mais si tu as jamais par quelque épreuve appris
Quel coup la flèche fait de l'enfant de Cypris[4]
Et quel remède il faut: mon cher, mon cher Sauvage,
Oblige-moi autant de ta fertile voix
Que ton gentil labeur oblige les François,   5
Auxquels tu sers de barde, et de druide, et d'Eubage.[5]

[1] Addressed to the historian Denis Sauvage.
[2] Denis Sauvage had edited the chronicles of Nicole Gilles, Commines, and Froissart.
[3] Sauvage had translated Leo Hebraeus on the philosophy of love (1551).
[4] Cupid, son of Venus.
[5] The Eubages were sooth-sayers among the Gauls.

SONNETS D'AMOUR[1]

VII

Sommeil, fils de la nuit, faveur chère à nos yeux,
Ores que le soleil nous ôte son usage,
Que le garçon Troyen[2] élève son image
Sur nous au ciel percé de mille et mille feux,   10
Viens assommer en moi le travail soucieux
Et m'amène Morphé,[3] qui d'un feint personnage
Trompeur me fasse voir l'angélique visage
De celle en qui mon heur voit son pis et son mieux.
Hé! Sommeil, qu'attends-tu? ne viens-tu pas encore?   15
Jà la blanche Vénus traîne avec soi l'aurore
Qui tout notre orient teint d'une couleur rouge.
Ha, tardif! jà Phébus[4] ta noire mère[5] efface,
Jà vers Témistitan[6] sous la terre il te chasse.
L'opiniâtre peine, hélas! de moi ne bouge.   20

[1] *Sonnets d'amour*. Pages in M.-L.: VII, p. 166; *Rime tierce*, p. 174.
[2] Evidently an allusion to the moon, symbolized by Endymion.
[3] Morpheus, the son of Sleep and god of dreams.

⁴ Phoebus Apollo, god of the Sun.
⁵ Night.
⁶ Themis, goddess of justice, was one of the Titans (children of
Uranus and Gaea); thus the combined form *Témistitan*. Since she was
the mother of the Fates, she could be considered as residing in the
underworld.

RIME TIERCE

Plutôt jamais le ciel mes ans d'un jour n'allonge
Qu'un mot dissimulé me découvre flatteur,
Et que vous me trouviez être homme de mensonge.
  Madame, je vous suis trop ardent serviteur.
J'aime mieux vous servir véritable et fidèle   5
Qu'affectant un langage être trouvé menteur.
  Votre esprit est haussé d'une trop gentille aile,
Vous avez trop de feu et de lumière aux yeux,
Pour ne découvrir point si grossière cautèle.
  Quand donques je dirai qu'un désir curieux   10
Vous rend l'entendement admirable et adextre
Pour goûter vivement les beaux secrets des cieux;
  Quand je dirai qu'autant que la femme peut estre
Soudaine à bien comprendre et ferme au souvenir,
Nature vous a fait pour rare exemple naistre;   15
  Quand je dirai encor que le siècle advenir
Pourra, si vous suivez votre belle entreprise,
Au rang des plus beaux noms le vôtre retenir,
  Ne pensez point qu'ainsi mon parler je déguise
Pour gracieusement l'oreille vous flatter   20
Et me rendre à tel prix votre faveur acquise.
  Je n'ai jamais pensé rien de vous emporter
Sinon ce qu'il plaira à votre bonne grâce
Souffrir que mon service en puisse mériter.
  Si donc ma plume encor (qui ne peut être lasse   25
D'écrire vos vertus) tâche à vous honorer
Contre le fil du temps qui toute chose efface,
  Ne m'accusez à tort; je ne puis dévorer
Qu'avec trop de regret l'opinion mauvaise
Qui ferait devant vous ma candeur empirer.   30
  Voulez-vous bien qu'ingrat l'artifice je taise
Et la dextérité de votre docte main,
Laquelle en m'excusant dévotement je baise?

N'oserais-je assurer que le Scythe[1] inhumain
Au son de votre luth, l'oreille débouchée,
Tiendrait[2] à la douceur et deviendrait humain?

    Qu'un luth, une épinette, une lyre touchée
De vos doigts délicats ferait bien concevoir   5
La joie et le plaisir à l'âme plus fâchée?

    Si le ciel vous a fait tant de grâces avoir
Et vous m'avez permis d'en avoir connaissance,
Voulez-vous démentir le ciel et mon savoir?

    Madame, vous avez sur moi tant de puissance   10
Que soit que vous m'usiez de douceur ou fierté,
Je suis toujours constant en mon obéissance.

    Mon service vous est un roc de fermeté.
Bien vous pouvez montrer gracieuse ou farouche,
Mais je ne puis pourtant changer de volonté.   15

    Vous avez bien pouvoir de me fermer la bouche,
Mais je ne puis jamais la pensée effacer
Qui vit en mon esprit et qui le cœur me touche.

    Vos grâces pourront bien de mon los se passer
Et pourra bien sans moi vivre votre mémoire;   20
Mais je veux, vous servant, que deux points soient ma
                         [gloire:
Le désir de complaire, et la peur d'offenser.

---

[1] Scythian; used here to designate a fierce barbarian.
[2] So the text of M.-L.; *tendrait* would seem to be a better reading.

PHILIPPE DESPORTES

At least one poet of the sixteenth century won fame and great fortune through his poetry. That was Philippe Desportes. He was born at Chartres in the spring of 1546, one of ten children. We know nothing of his childhood or youth, except that he was tonsured very early and probably had a good classical education. Very early, also, he began to write, and came under the protection of the Bishop Du Puy. The Bishop, in fact, was the first of a long series of distinguished protectors—Claude de Laubespine, Nicolas de Neufville, Du Perron, and finally King Henri III—who were largely responsible for his prosperity. Desportes came first to public notice when verses of his were sung at a court performance of Baïf's *Le Brave* in 1567. His early poems circulated widely in manuscript, and were finally printed in the *Premières œuvres* of 1573; they were largely love poems, written for other men to their ladies, and imitating minor Italian poets. In the same year he went with Henri, then King of Poland, to Poland, returned with him via Italy, and entered upon a period of great favor and reputation. During these years he frequented the salon of the Maréchale de Retz, where Pontus de Tyard was also an habitué. When, in 1576, Henri III revived the Académie du Palais, Desportes became one of its most active members. Editions of his works appeared yearly from 1575 to 1582. In that year he became Abbé de Tiron and took minor orders. The *Dernières amours* of 1583 increased his fame. He obtained additional benefices, great wealth; he lived magnificently, became a patron to young literati including his nephew, Mathurin Régnier. With the death of Ronsard in 1585 he was recognized undisputedly as France's greatest living poet. In 1587 he was at work on his translation of the Psalms. After the advent of Henri IV, Desportes lived largely in the provinces, at his abbeys, frequently at Vanves; he was surrounded by a large literary and artistic circle and possessed a considerable library. He died at the Abbey of Boncourt on October 5, 1606.

Desportes is a fine poet. He writes much in the tradition of the Pléiade, in the Platonist-Petrarchist-Italianate mode; but he does so with sensitivity, imagination, and originality. He seems at times to have more *souffle* than some of his Pléiade colleagues, a greater capacity for the development of the longer lyric forms. He composes with grace, intelligence, and a sense of the inner subtleties of poetic forms.

READINGS

Jacques Lavaud, *Philippe Desportes (1546-1606)*, Paris, Droz, 1936.

DIANE, II[1]

PRIÈRE AU SOMMEIL

Somme, doux repos de nos yeux,
L'aimé des hommes et des dieux,
Fils de la nuit et du silence
Qui peux les esprits délier,
Qui fais les soucis oublier   5
Et le mal plein de violence;
    Approche, ô Sommeil désiré!
Las! c'est trop longtemps demeuré;
La nuit est à demi passée
Et je suis encor attendant   10
Que tu chasses le soin mordant,
Hôte importun de ma pensée.
    Clos mes yeux, fais-moi sommeiller;
Je t'attends sur mon oreiller
Où je tiens la tête appuyée.   15
Je suis dans mon lit sans mouvoir
Pour mieux ta douceur recevoir,
Douceur dont la peine est noyée.
    Hâte-toi, Sommeil, de venir.
Mais qui te peut tant retenir?   20
Rien en ce lieu ne te retarde,
Le chien n'aboie ici autour,
Le coq n'annonce point le jour,
On n'entend point l'oie criarde.
    Un petit ruisseau doux coulant   25
A dos rompu se va roulant,
Qui t'invite de son murmure;
Et l'obscurité de la nuit
Moite, sans chaleur et sans bruit,
Propre au repos de la nature.   30
    Chacun, fors que moi seulement,
Sent ore quelque allégement

Par le doux effort de tes charmes.
Tous les animaux travaillés
Ont les yeux fermés et sillés;
Seuls les miens sont ouverts aux larmes.
 Si tu peux, selon ton désir,   5
Combler un homme de plaisir
Au fort d'une extrême tristesse,
Pour montrer quel est ton pouvoir
Fais-moi quelque plaisir avoir
Durant la douleur qui m'oppresse.   10
 Si tu peux nous représenter
Le bien qui nous peut contenter,
Séparé de longue distance,
O somme doux et gracieux,
Représente encor à mes yeux   15
Celle dont je pleure l'absence!
 Que je vois encor ces soleils,
Ces lys et ces boutons vermeils,
Ce port plein de majesté sainte;
Que j'entr'oie encor ces propos   20
Qui tenaient mon cœur en repos,
Ravi de merveille et de crainte.
 Le bien de la voir tous les jours
Autrefois était le secours
De mes nuits, alors trop heureuses.   25
Maintenant que j'en suis absent,
Rends-moi par un songe plaisant
Tant de délices amoureuses.
 Si tous les songes ne sont rien,
C'est tout un, ils me plaisent bien;   30
J'aime une telle tromperie.
Hâte-toi donc pour mon confort!
On te dit frère de la mort,
Tu seras père de ma vie.
 Mais, las! je te vais appelant   35
Tandis la nuit en s'envolant
Fait place à l'aurore vermeille.
O Amour, tyran de mon cœur!
C'est toi seul qui par ta rigueur
Empêches que je ne sommeille.   40
 Hé! quelle étrange cruauté!
Je t'ai donné ma liberté,
Mon cœur, ma vie et ma lumière,

Et tu ne veux pas seulement
Me donner pour allégement
Une pauvre nuit toute entière!

Note: Basic text for Desportes, *Premières Œuvres*, Rouen, Raphaël
du Petit Val, 1594.
[1] *Diane*, II. The poems included are found on the following pages
in the 1594 ed.: *Prière au sommeil*, p. 88; XVII, p. 91; XXXIII, p. 111;
XLIV, p. 122.

XVII

Si vous voulez que ma douleur finisse
Et que mon cœur, qui vous est destiné,   5
Soit de son mal doucement guerdonné,
Mal, le seul prix de mon humble service;
Si.vous voulez qu'à jamais je bénisse
L'heure et le point qu'à vous je me donnai,
Et que l'ennui qui me suit obstiné   10
Comme un ombrage en l'air s'évanouisse;
Sans grand travail soudain vous le pouvez.
La guarison en vos mains vous avez
Du mal d'amour, qui jusqu'au cœur me touche.
Car, s'il vous plaît de le faire cesser,   15
Il ne vous faut seulement prononcer
Qu'un doux oui du cœur et de la bouche.

XXXIII

Jamais fidèle amant n'eut plus douces pensées,
Plus aimables travaux, désirs plus élevés
Que j'avais quand vos yeux, d'inconstance privés,   20
Tenaient toutes vers moi leurs lumières dressées,
Quand un seul trait rendait nos deux âmes blessées,
Quand un même filet nous tenait captivés,
Quand d'un même cachet nos cœurs étaient gravés,
Ayant perdu devant toutes marques passées.   25
Quels destins rigoureux, quel horrible méfait
Rend un si ferme nœud soudainement défait
Et couvre une clairté si luisante et si belle?
Ma faute et les destins à tort en sont blâmés.
Ce sont des tours communs et tout accoutumés   30
D'amour, de la fortune, et d'un sexe infidèle.

XLIV

Cent et cent fois le jour je fais nouveaux discours.
Mal content, mal payé des travaux que j'endure
Et lassé de porter une charge si dure,
Je rebelle mon cœur du grand roi des amours.
La raison aussitôt s'avance à mon secours,   5
Qui m'ouvre les prisons et guarit ma pointure;
Libre alors, je maudis sa méchante nature
Et consens que sa loi n'ait en moi plus de cours.
Mais, presque au même instant, sans oser me défendre,
Un clin d'œil, un propos, mon cœur viennent reprendre, 10
Rechassent ma raison, enserrent mes esprits;
Et l'Amour, par vengeance, en rigueur se renforce.
Lors, comme un pauvre serf nouvellement repris,
J'endure, et tout honteux de servir je m'efforce.

LES AMOURS D'HIPPOLYTE

CHANSON[1]

Douce liberté désirée,   15
Déesse, où t'es-tu retirée,
Me laissant en captivité?
Hélas! de moi ne te détourne.
Retourne, ô liberté, retourne,
Retourne, ô douce liberté!   20
     Ton départ m'a trop fait connaître
Le bonheur où je soulais être,
Quand douce tu m'allais guidant
Et que, sans languir davantage,
Je devais, si j'eusse été sage,   25
Perdre la vie en te perdant.
     Depuis que tu t'es éloignée
Ma pauvre âme est accompagnée

De mille épineuses douleurs;
Un feu s'est épris en mes veines,
Et mes yeux changés en fontaines
Versent du sang au lieu de pleurs.
    Un soin caché dans mon courage   5
Se lit sur mon triste visage.
Mon teint plus pâle est devenu.
Je suis courbé comme une souche
Et, sans que j'ose ouvrir la bouche,
Je meurs d'un supplice inconnu.   10
    Le repos, les jeux, la liesse,
Le peu de soin d'une jeunesse
Et tous les plaisirs m'ont laissé.
Maintenant rien ne me peut plaire
Sinon, dévot et solitaire,   15
Adorer l'œil qui m'a blessé.
    D'autre sujet je ne compose;
Ma main n'écrit plus d'autre chose.
Là tout mon service est rendu.
Je ne puis suivre une autre voie,   20
Et le peu de temps que j'emploie
Ailleurs, je l'estime perdu.
    Quel charme ou quel dieu plein d'envie
A changé ma première vie,
La comblant d'infélicité?   25
Et toi, liberté désirée,
Déesse, où t'es-tu retirée?
Retourne, ô douce liberté!
    Les traits d'une jeune guerrière,
Un port céleste, une lumière,   30
Un esprit de gloire animé,
Hauts discours, divines pensées
Et mille vertus amassées,
Sont les sorciers qui m'ont charmé.
    Las! donc sans profit je t'appelle,   35
Liberté précieuse et belle!
Mon cœur est trop fort arrêté.
En vain après toi je soupire
Et je crois que je te puis bien dire
Pour jamais: «Adieu, Liberté.»   40

---

[1] *Chanson.* 1594 ed., p. 161.

DIVERSES AMOURS

CHANSON[1]

Quand vous aurez un cœur plein d'amour et de foi,
Pur, entier et constant, pour m'offrir en échange
De celui si loyal que vous avez de moi,
Ne vous défiez point qu'autre part je me range.
    Mais, tandis qu'en m'aimant ou feignant de m'aimer,   5
Je vous verrai voler pour tant d'amours nouvelles,
N'espérez, s'il vous plaît, de pouvoir m'enfermer,
Car comme votre esprit le mien aura des ailes.
    Je ne suis point de ceux qu'en doute il faut tenir
Afin que leur ardeur dure en sa violence.   10
La seule affection peut mon feu maintenir,
Qui s'éteint aussitôt que j'entre en méfiance.
    J'aime mieux peu de bien, l'ayant en sûreté,
Qu'un plus riche trésor prêt à faire naufrage;
J'aime mieux m'assurer d'une moindre beauté   15
Que d'une autre jouir plus belle et plus volage.
    Votre bouche et vos yeux, riches de mille appas,
Méritent bien qu'on meure en leur obéissance,
Mais votre esprit léger ne le mérite pas;
A ce que l'un contraint, l'autre nous en dispense.   20
    Amour est un désir de jouir et d'avoir
Pour soi tant seulement l'objet qui beau nous semble.
Jamais de compagnon il ne veut recevoir;
Cupidon ne saurait lier trois cœurs ensemble.
    Ne vous étonnez donc que si soudainement,   25
Connaissant votre humeur, autre part je me jette.
C'est que je veux bâtir sur meilleur fondement,
Afin que mon amour au vent ne soit sujette.

---

[1] *Chanson.* 1594 ed., p. 536.

BERGERIES

CHANSON[1]

O bienheureux qui peut passer sa vie
Entre les siens, franc de haine et d'envie,
Parmi les champs, les forêts et les bois,
Loin du tumulte et du bruit populaire,
Et qui ne vend sa liberté pour plaire   5
Aux fous désirs des princes et des rois!
   Il n'a souci d'une chose incertaine,
Il ne se paît d'une espérance vaine,
Une faveur ne le va décevant,
De cent fureurs il n'a l'âme embrasée   10
Et ne maudit sa jeunesse abusée
Quand il ne trouve à la fin que du vent.
   Il ne frémit quand la mer courroucée
Enfle ses flots, contrairement poussée
Des vents émus soufflants horriblement;   15
Et quand la nuit à son aise il sommeille,
Une trompette en sursaut ne l'éveille
Pour l'envoyer du lit au monument.
   L'ambition son courage n'attise;
D'un fard trompeur son âme il ne déguise,   20
Il ne se plaît à violer sa foi.
Les grands seigneurs sans cesse il n'importune,
Mais en vivant content de sa fortune,
Il est sa cour, sa faveur et son roi.
   Je vous rends grâce, ô déités sacrées   25
Des monts, des eaux, des forêts et des prées,
Qui me privez de pensers soucieux
Et qui rendez ma volonté contente,
Chassant bien loin la misérable attente
Et les désirs des cœurs ambitieux!   30
   Dedans mes champs ma pensée est enclose.
Si mon corps dort, mon esprit se repose;
Un soin cruel ne le va dévorant.
Au plus matin la fraîcheur me soulage,
S'il fait trop chaud je me mets à l'ombrage   35
Et s'il fait froid je m'échauffe en courant.

Si je ne loge en ces maisons dorées
Au front superbe, aux voûtes peinturées
D'azur, d'émail et de mille couleurs,
Mon œil se paît des trésors de la plaine,
Riche d'œillets, de lis, de marjolaine   5
Et du beau teint des printanières fleurs.

Dans les palais enflés de vaine pompe,
L'ambition, la faveur qui nous trompe
Et les soucis logent communément.
Dedans nos champs se retirent les fées,   10
Reines des bois à tresses décoiffées,
Les jeux, l'amour, et le contentement.

Ainsi vivant, rien n'est qui ne m'agrée.
J'oy des oiseaux la musique sacrée
Quand au matin ils bénissent les cieux,   15
Et le doux son des bruyantes fontaines
Qui vont coulant de ces roches hautaines
Pour arrouser nos prés délicieux.

Que de plaisir de voir deux colombelles,
Bec contre bec, en trémoussant des ailes,   20
Mille baisers se donner tour à tour;
Puis, tout ravi de leur grâce naïve,
Dormir au frais d'une source d'eau vive
Dont le doux bruit semble parler d'amour!

Que de plaisir de voir sous la nuit brune   25
Quand le soleil a fait place à la lune,
Au fond des bois les nymphes s'assembler,
Montrer au vent leur gorge découverte,
Danser, sauter, se donner cotte-verte,
Et sous leurs pas tout l'herbage trembler!   30

Le bal fini, je dresse en haut la vue
Pour voir le teint de la lune cornue,
Claire, argentée, et me mets à penser
Au sort heureux du pasteur de Latmie;[2]
Lors je souhaite une aussi belle amie,   35
Mais je voudrais en veillant l'embrasser.[3]

Ainsi la nuit je contente mon âme.
Puis, quand Phébus[4] de ses rais nous enflamme,
J'essaie encor mille autres jeux nouveaux.
Diversement mes plaisirs j'entrelace;   40
Ores je pêche, or je vais à la chasse
Et or je dresse embuscade aux oiseaux.

Je fais l'amour, mais c'est de telle sorte
Que seulement du plaisir j'en rapporte,
N'engageant point ma chère liberté;
Et quelques lacs que ce dieu puisse faire
Pour m'attraper, quand je m'en veux distraire   5
J'ai le pouvoir comme la volonté.
   Douces brebis, mes fidèles compagnes,
Haies, buissons, forêts, prés et montagnes,
Soyez témoins de mon contentement!
Et vous, ô dieux! faites, je vous supplie,   10
Que cependant que durera ma vie,
Je ne connaisse un autre changement.

---

[1] *Chanson.* 1594 ed., p. 581. Lavaud, p. 54, suggests that this poem may have been written around 1571.
[2] Endymion, taken to Mt. Latmus by Selene (Diana).
[3] Endymion retained his beauty in an eternal sleep.
[4] Phoebus Apollo, the sun.

VILLANELLE[1]

   Rosette, pour un peu d'absence[2]
Votre cœur vous avez changé,
Et moi, sachant cette inconstance,   15
Le mien autre part j'ai rangé.
Jamais plus beauté si légère
Sur moi tant de pouvoir n'aura.
Nous verrons, volage bergère,
Qui premier s'en repentira.   20
   Tandis qu'en pleurs je me consume,
Maudissant cet éloignement,
Vous, qui n'aimez que par coutume,
Caressiez un nouvel amant.
Jamais légère girouette   25
Au vent si tôt ne se vira.
Nous verrons, bergère Rosette,
Qui premier s'en repentira.
   Où sont tant de promesses saintes,
Tant de pleurs versés en partant?   30
Est-il vrai que ces tristes plaintes
Sortissent d'un cœur inconstant?

Dieux, que vous êtes mensongère!
Maudit soit qui plus vous croira!
Nous verrons, volage bergère,
Qui premier s'en repentira.

   Celui qui a gagné ma place
Ne vous peut aimer tant que moi,
Et celle que j'aime vous passe
De beauté, d'amour et de foi.
Gardez bien votre amitié neuve,
La mienne plus ne variera.
Et puis nous verrons à l'épreuve
Qui premier s'en repentira.

---

[1] *Villanelle.* 1594 ed., p. 605.
[2] Allusion to his trip to Poland in 1573-74.

GUILLAUME DU BARTAS

With D'Aubigné, Du Bartas was one of the two prominent Protestant apologists in late sixteenth-century poetry. He was born Guillaume de Salluste at Montfort (Fezenzac) in 1544, and early studied painting and the humanistic disciplines; he may later have studied at the Collège de Guyenne at Bordeaux, and in 1563 or 1564 went to Toulouse for instruction in law. There he won a prize at the Jeux Floraux in 1565. In that same year his father acquired the property and title of Bartas; Guillaume lived on this estate most of the rest of his life. He became "docteur en droit" in 1567, and during the next five years wrote the *Triomphe de la Foi*, *Uranie*, and *Judit*, all published at Bordeaux in 1574. Around 1570 he married Catherine de Manas. He started work on his major poem, the *Semaine*, around 1574, and showed some of it to D'Aubigné in 1577. It was published in 1578 under the title of *La Semaine, ou Création du Monde*. His *Hymne de la Paix* was published in 1582. During these years Du Bartas had many contacts with the court of Navarre, and undertook several missions for Henri; in the same period he acquired the illness which was to lead to his early death. The *Seconde Semaine, ou Enfance du monde* was published in 1584. Henri de Navarre sent him on a mission to England and Scotland in 1587, and while abroad he was knighted by James VI of Scotland. He died in July, 1590, survived by his wife and four daughters.

Du Bartas is at best a very mediocre poet. He has little sense of form, no genius for imagery. One feels the conventions and the rules at work, rather than any genuine poetic insight. He is important historically for his cultivation of biblical and religious themes, not in the satirical vein of D'Aubigné but rather in an epic manner. He is interesting, also, as an example of the current conception of how the epic devices were to be handled.

He is clear and straightforward; but this may merely be because he does not know how to produce richness and ornament properly, and because he is merely riming an essentially prosy matter.

READINGS

H. Ashton, *Du Bartas en Angleterre*, Paris, Larose, 1908.

Georges Pellissier, *La Vie et les œuvres de Du Bartas*, Paris, Hachette, 1882.

Urban Tigner Holmes, Jr., *et al.*, *The Works of Guillaume de Salluste, sieur Du Bartas*, Chapel Hill, University of North Carolina Press, 1935-40, 3 volumes. (Vol. 1 contains a biography.)

LA MUSE CHRÉTIENNE

LA JUDITH, I[1]

[Menaced by the attack of Holofernes' army, the Jews prepare to defend themselves by fortifying their city of Bethulia.]

Qui a vu quelquefois l'aristéan[2] troupeau
S'exercer diligent sur l'hybléan[3] coupeau,
Soit qu'il donne une cargue aux bourdonnantes mouches
Qui s'approchent par trop de leurs flairantes souches,
Soit qu'il cueille le miel ou sur l'odorant thym   5
Ou sur le serpolet ou sur le romarin,
Soit qu'étendant la cire avec grande industrie
Il observe partout si bonne symmétrie
Que dessus et dessous par espaces égaux
Il fait mille logis dedans ces mols bornaux,   10
Ou soit qu'étant accru, par les croupes fleuries
Il conduise en été de belles colonies
Qui vont toujours gardant dedans ces nouveaux murs
De leur mère-cité la police et les mœurs;
Celui-là de Jacob a vu la diligence   15
Et le désir ardent de se mettre en défense.
Les uns, rompants un roc à grands coups de marteaux,
Tirent de la carrière et blocage et carreaux
Dont l'empressé maçon diligemment répare
Les antiques remparts, que la course barbare   20
De quelque autre ennemi et l'injure des cieux
Ont par le laps du temps fenestrés en maints lieux;
Ou bien, pour empêcher que du bélier le foudre,
S'approchant trop des murs, ne les réduise en poudre,
Les cités de Jacob flanquent de toutes parts   25
Et de forts bastions et de grands boulevards;
Et les autres, allant et venant à grands flottes,
Pour terrasser les murs, courbés portent les hottes;
Et les autres, n'ayant ni loisir ni pouvoir
De renfermer leurs bourgs, se mettent en devoir   30

D'y caver tout autour fossés à fonds de cuve
Et d'y conduire après l'onde du prochain fleuve.
Tandis les armuriers par ordre martelant
Dessus l'enclume dur le fer étincelant
Le transforment tantôt en un corps de cuirasse,   5
Tantôt en un armet, tantôt en une masse,
Tantôt en un bouclier. Tantôt le forgeron,
Pour armer le bouvier ou bien le bûcheron,
Et la houe et le soc en longs épieux aiguise,
Et la courbe faucille en épée déguise.   10
Le populaire épars et par monts et par vaux
Charge de blés et vins chars, ânes et chevaux,
Et porte dans les forts tous les fruits de la terre
Pour pouvoir soutenir longuement une guerre.
Tout ainsi les formis⁴ en l'ardente saison   15
Sortent par escadrons de leur creuse maison
Pour aller moissonner, où donnent si bon ordre
Qu'assiégées du froid elles treuvent que mordre;
Leurs plus gaillards essaims à la quête s'en vont,
Les malades ou vieux attendent sur le front   20
Du ménager hameau pour recevoir leur charge,
Encreussant tout soudain dans la chambre plus large
Le blé qu'ils ont rongé, de peur qu'en renaissant
Il ne s'élève encore en tuyau verdissant.

Note: Basic text for Du Bartas, ed. U. T. Holmes *et al.*, *Works*,
Chapel Hill, 1935-40, 3 volumes. A number of errors in the Holmes
edition have been corrected by reference to the 1603 text.

¹ *La Judith*, I. Holmes, II, 20, vss. 353-406. Text of 1574.

² After Aristaeus of Libya, the first beekeeper.

³ From Hybla, a town in ancient Sicily famous for its honey.

⁴ *Fourmis*.

L'URANIE¹

A Gabriel de Minut, Seigneur du Castera²

Je n'étais point encor en l'avril de mon âge   25
Qu'un désir d'affranchir mon renom du trépas
Chagrin me faisait perdre et repos et repas
Par le brave projet de maint savant ouvrage.

Mais, comme un pèlerin qui sur le tard rencontre

Un fourchu carrefour, douteux s'arrête court
Et d'esprit, non des pieds, deçà delà discourt
Par les divers chemins que la lune lui montre;
    Parmi tant de sentiers qui fleuris se vont rendre
Sur le mont[3] où Phébus[4] guerdonne les beaux vers   5
De l'honneur immortel des lauriers toujours verts,
Je demeurai confus, ne sachant lequel prendre.

    Tantôt j'entreprenais d'orner la grecque scène
D'un vêtement français; tantôt d'un vers plus haut
Hardi j'ensanglantais le français échafaud   10
Des tyrans d'Ilion, de Thèbes, de Micène.[5]

    Je consacrais tantôt à l'aonide bande[6]
L'histoire des Français, et ma sainte fureur,
Démentant à bon droit la trop commune erreur,
Faisait le Main gaulois, non la Seine allemande.[7]   15

    Tantôt je dessinais d'une plume flatteuse
Le los non mérité des rois et grands seigneurs,
Et pour me voir bientôt riche d'or et d'honneurs,
D'un cœur bas je rendais mercenaire ma muse.

    Et tandis je voulais chanter le fils volage[8]   20
De la molle Cypris,[9] et le mal doux-amer
Que les plus beaux esprits souffrent pour trop aimer —
Discours où me poussait ma nature et mon âge.

    Or, tandis qu'inconstant je ne me puis résoudre,
Deçà delà poussé d'un vent ambitieux,   25
Une sainte beauté[10] se présente à mes yeux,
Fille comme je crois du grand Dieu lance-foudre.

    Sa face est angélique, angélique son geste,
Son discours tout divin et tout parfait son corps,
Et sa bouche à neuf voix imite en ses accords   30
Le son harmonieux de la danse céleste.

    Son chef est honoré d'une riche couronne
Faite à sept plis glissants d'un divers mouvement;
Sur chacun de ses plis se tourne obliquement
Je ne sais quel rondeau, qui sur nos chefs rayonne.   35

    Le premier est de plomb, et d'étain le deuxième,
Le troisième d'acier, le quart d'or jaunissant,
Le quint est composé d'électre pâlissant,
Le suivant de mercure, et d'argent le septième.[11]

    Son corps est affublé d'une mante azurée,   40
Semée haut et bas d'un million de feux[12]
Qui d'un bel art sans art, distinctement confus,
Décorent de leurs rais cette beauté sacrée.

Ici luit le Grand Char,[13] ici flambe la Lyre,[14]
Ici la Poussinière,[15] ici les clairs Bessons, [16]
Ici le Trébuchet,[17] ici les deux Poissons,[18]
Et mille autres brandons que je ne puis décrire.
    «Je suis, dit-elle alors, cette docte Uranie   5
Qui sur les gonds astrés transporte les humains,
Faisant voir à leurs yeux et toucher à leurs mains
Ce que la cour céleste et contemple et manie.
    «Je quintessence l'âme et fais que le poète,
Se surmontant soi-même, enfonce un haut discours   10
Qui, divin, par l'oreille attire les plus sourds,
Anime les rochers et les fleuves arrête.
    «Agréable est le son de mes doctes germaines;[19]
Mais leur gosier, qui peut terre et ciel enchanter,
Ne me cède pas moins en l'art de bien chanter   15
Qu'au rossignol l'oison, les pies aux sereines.
    «Prends-moi donques pour guide, élève au ciel ton aile!
Salluste,[20] chante-moi du Tout-puissant l'honneur,
Et remontant le luth du Jesséan sonneur,[21]
Courageux, brosse après la couronne éternelle!»   20

    «Tout art s'apprend par art, la seule poésie
Est un pur don céleste, et nul ne peut goûter
Le miel que nous faisons de Pinde[22] dégoutter
S'il n'a d'un sacré feu la poitrine saisie.
    «Voilà, voilà d'où vient que maints grands personnages, 25
Consommés en savoir et en prose diserts,
Se travaillent en vain à composer des vers
Et qu'un jeune apprenti fait de plus beaux ouvrages.
    «De là vient que jadis le chantre Méonide,[23]
Bien que pauvre et aveugle et qu'il n'eût devant soi   30
Auteur pour lui servir de patron ou de loi,
Chanta si bien Ulysse et le preux Aeacide.[24]
    «De là vient qu'un Nason[25] mêle de vers sa prose;
De là vient qu'un David est fait soudainement
De berger bon poète, et que si hautement   35
Il entonne les vers que sa muse compose.
    «Recherche nuit et jour les ondes Castalides![26]
Regrimpe nuit et jour contre le roc besson![28]
Sois disciple d'Homère et du saint nourrisson
D'Ande,[28] l'heureux séjour des vierges Piérides![29]   40
    «Lis tant que tu voudras, volume après volume,

Les livres[30] de Pergame et de la grand cité
Qui du nom d'Alexandre a son nom emprunté.[31]
Exerce incessamment et ta langue et ta plume.
    «Joins tant que tu voudras, pour un carme bien faire,
L'obscure nuit au jour et le jour à la nuit;   5
Si ne recevras-tu jamais un digne fruit
D'un si fâcheux travail, si Pallas[32] t'est contraire.
    «Il faut qu'entièrement l'homme hors l'homme sorte
S'il veut faire des vers qui puissent longuement
Jouir de ce clair jour; il faut que saintement   10
Une douce manie au plus haut ciel l'emporte;
    «D'autant que tout ainsi que la fureur humaine
Rend l'homme moins qu'humain, la divine fureur
Rend l'homme plus grand qu'homme, et d'une sage erreur
Sur les pôles astrés à son gré le pourmène.   15
    «C'est d'un si sacré lieu que les sacrés poètes
Nous apportent çà-bas de si sacrés propos
Et des vers non sujets au pouvoir d'Atropos,[33]
Comme étant du grand Dieu fidèles interprètes.
    «Les vrais poètes sont tels que la cornemuse   20
Qui pleine de vent sonne et vide perd le son;
Car leur fureur durant, dure aussi leur chanson,
Et si leur fureur cesse, aussi cesse leur muse.
    «Puis donques que le vers est un divin ouvrage,
Un savoir qui ne sent rien de l'humanité,   25
Vous qui avez reçu de la Divinité
Cet art qui vous fera revivre d'âge en âge,
    «Serez-vous tant ingrats que de rendre vos plumes
Ministres de la chair et serves du péché?
Toujours donques sera votre style empêché   30
A remplir, mensongers, de songes vos volumes?
    «Ferez-vous, abuseurs, toujours d'un diable un ange?
Fendrez-vous toujours l'air de vos amoureux cris?
Hé! n'orra-t-on jamais dans vos doctes écrits
Retentir haut et clair du grand Dieu la louange?   35
    «Ne vous suffit-il pas de sentir dans votre âme
Le Cyprien[34] brandon sans que, plus effrontés
Qu'une Laïs [35] publique, encor vous éventez
Par tout cet univers son impudique flamme?
    «Ne vous suffit-il pas d'être entachés de vices   40
Sans que vous corrompiez par vos nombres charmeurs
Du lecteur indiscret les peu constantes mœurs,
Lui faisant embrasser pour vertu les délices?

«L'harmonie qui naît du ton, nombre et mesure
Dont les vers on compose, est de si grand pouvoir
Que les plus durs Catons[36] elle peut émouvoir
Et les plus nets esprits tacher d'infâme ordure.

«Ainsi que le cachet dedans la cire forme   5
Presque un autre cachet, le poète savant
Va si bien dans nos cœurs ses passions gravant
Que presque l'auditeur en l'auteur se transforme.

«Car la force des vers, qui secrètement glisse
Par des secrets conduits dans nos entendements,   10
Y empreint tous les bons et mauvais mouvements
Qui sont représentés par un docte artifice.

«Et c'est pourquoi Platon hors de sa République
Chassait les écrivains qui, rendant par leurs vers
Les méchants plus méchants et les plus saints pervers,   15
Sapaient par leurs beaux mots l'honnêteté publique;

«Non ceux qui dans leurs chants mariaient les beaux
                                                    [termes
Avec les beaux sujets, or entonnant le los
Du juste Foudroyeur, ore d'un saint propos
Servant aux dévoyés et de guides et d'Hermes[37].   20

«Profanes écrivains, votre impudique rime
Est cause que l'on met nos chantres mieux disants
Au rang des bateleurs, des bouffons, des plaisants,
Et qu'encore moins qu'eux un chacun les estime.

«Vous faites de Clion[38] une Thaïs[39] impure,   25
D'Hélicon[40] un bordel; vous faites, impudents,
Par vos lascifs discours que les pères prudents
Défendent à leurs fils des carmes la lecture.

«Mais si, foulant aux pieds cette déité feinte,
Qui aveugle et volage ose ainsi déployer   30
Ses forces contre vous, vous vouliez employer
En quelque saint sujet une chose si sainte,

«Chacun vous priserait, comme étant secrétaires
Et ministres sacrés du Roi de l'univers;
Chacun révérerait comme oracles vos vers,   35
Et les grands commettraient en vos mains leurs affaires!»

---

[1] *L'Uranie*. Holmes, II, 172, vss. 1 a-68 a, 21-120. The first 68 lines
were prefixed, in 1579, to the original version of 1574; the rest of the
text is that of the 1574 edition.

[2] A friend of Du Bartas; poet and writer of prose works.

[3] Parnassus.

[4] Phoebus Apollo, god of poetry.

[5] Troy, Thebes, and Mycenae, whose histories furnished materials for the Greek tragic poets.

[6] The muses, so called because of the Aonian spring on Mt. Helicon.

[7] I.e., he had attempted to prove the primacy of French over German claims to parts of Western Germany.

[8] Cupid.

[9] Venus.

[10] This is Urania, the muse of astronomy.

[11] The seven rings of the crown represent the seven planets as they were then enumerated; the metals have their traditional associations with the planets: *plomb*, Saturn; *étain*, Jupiter; *acier*, Mars; *or*, the sun; *électre*, Venus; *mercure*, Mercury; *argent*, the moon. Cf. Chaucer, the *Canon Yeoman's Tale*, vss. 825-29:

> The bodies seven eek, lo! hem heer anoon:
> Sol gold is, and Luna silver we threpe,
> Mars yren, Mercurie quik-silver we clepe,
> Saturnus leed, and Jupiter is tin,
> And Venus coper, by my fader kin!

[12] The fixed stars.

[13] Ursa Major.

[14] Lyra.

[15] The Pleiades.

[16] The Gemini.

[17] Libra, or the Balance.

[18] Pisces.

[19] The other muses, devoted to less noble objects.

[20] Cf. Du Bartas' full name.

[21] David, son of Jesse.

[22] Mt. Pindus, one of the residences of the muses.

[23] Homer, supposedly born in the province of Maeonia.

[24] Achilles.

[25] Ovid.

[26] The Castalian springs on Parnassus, sacred to the muses.

[27] The twin-peaked Mt. Parnassus.

[28] Vergil, born at Andes.

[29] The muses, from the Pierian spring.

[30] I.e., the books of classical antiquity.

[31] Alexandria.

[32] Pallas Athena, goddess of wisdom.

[33] The third Fate, who cut the thread of life; death.

[34] Of love.

[35] A courtesan.

[36] Cato the Elder, a Roman famous for his severe virtue.

[37] Greek name for Mercury, messenger of the gods.

[38] Clio, muse of history.

[39] Celebrated Athenian courtesan.

[40] Mt. Helicon, residence of the muses.

LA CRÉATION DU MONDE

LA PREMIÈRE SEMAINE : LE SIXIÈME JOUR[1]

[In this long poem on the creation of the world, the sixth day, following the biblical account, is devoted to the creation of living creatures and of man. The following passage treats of the making of man.]

Or de tant d'animaux que sa voix anima,
L'homme fut le dernier qui l'air vivant huma,
Non pour être le moindre ou qu'un Ouvrier si sage
Eût peur de commencer par un si noble ouvrage,
Ains d'autant qu'il eût fait en vain un si grand roi   5
Sans avoir des vassaux prêts à suivre sa loi.
Le sage ne conduit la personne invitée
Dans le lieu du festin que la salle apprêtée
Ne brille de flambeaux, et que les plats chargés
Sur le linge flamand ne soient presque rangés;   10
Ainsi notre grand Dieu, ce grand Dieu qui sans cesse
Tient ici cour ouverte et de qui la largesse
Par cent mille tuyaux fait découvrir sur nous
L'inépuisable mer de son nectar plus doux,
Ne voulut convier notre aïeul à sa table   15
Sans tapisser plutôt sa maison délectable
Et ranger, libéral, sous ses poiles astrés,
La friande douceur de mille mets sucrés.
Tant d'admirables corps dont le ciel se décore,
Dont l'eau s'enorgueillit, dont la terre s'honore,   20
Ne sont que coups d'essai comparés comme il faut
A l'art industrieux d'un ouvrage si haut.
C'est pourquoi l'Architecte, et sans pair et sans maître,
Quand dans le rien d'un rien tout puissant il fit naître
L'air, la terre, et le ciel et le flottant neptun,   25
Fit de penser, de dire et de faire tout un.
Mais voulant façonner sa naïve figure[2]
Le Roi de l'univers et l'honneur de nature,
Comme s'il désirait un concile tenir,
Il huche sa Bonté, fait sa Force venir,   30

Assigne son Amour, appelle sa Largesse,
Convoque sa Justice, atourne sa Sagesse,
Afin de consulter avec elles comment
Il doit d'un second dieu former le bâtiment,
Et que chacune à part d'une main non avare   5
Contribue au dessein d'une chose si rare.
Ou plutôt il consulte avec son vrai portrait,
Son vrai Fils naturel, quelle grâce, quel trait,
Quelle âme il doit donner à celui qu'il désire
Créer pour lieutenant en ce terrestre empire.   10
Créant des animaux les diverses façons,
Dieu fait commandement que la mer en poissons
Et la terre en troupeaux riche à jamais se rende;
Mais pour créer Adam à soi-même il commande.
Dieu forma tout d'un coup et le corps et l'esprit   15
Des autres animaux; mais quand il entreprit
Joindre en nous la mortelle et l'immortelle essence,
Sachant bien que c'était un fait de conséquence,
Il s'aida d'un délai et par moments divers
Forma l'âme et le corps du chef de l'univers.   20
    Architecte divin, Ouvrier plus qu'admirable,
Qui parfait ne vois rien à toi que toi semblable,
Sur ce rude tableau guide ma lourde main,
Où je tire³ si bien d'un pinceau non humain
Le roi des animaux qu'en sa face on remarque   25
De ta divinité quelque évidente marque.
O Père, tout ainsi qu'il te plut de former
De la marine humeur les hôtes de la mer,
De même tu formas d'une terrestre masse
Des fragiles humains la limonneuse race,   30
Afin que chaque corps forgé nouvellement
Eût quelque sympathie avec son élément.
Étant donc désireux de produire en lumière
Le terrestre empereur, tu prins de la poussière,
La collas, la pressas, l'embellis de ta main   35
Et d'un informe corps formas le corps humain,
Ne courbant toutefois sa face vers le centre
Comme à tant d'animaux qui n'ont soin que du ventre,
Mourants d'âme et de corps, ains relevant ses yeux
Vers les dorés flambeaux qui brillent dans les cieux,   40
Afin qu'à tous moments sa plus divine essence
Par leurs nerfs contemplât le lieu de sa naissance.
Mais tu logeas encor l'humain entendement

En l'étage plus haut de ce beau bâtiment,
Afin que tout ainsi que d'une citadelle
Il domptât la fureur du corps qui se rebelle
Trop souvent contre lui, et que notre raison,
Tenant dans un tel fort jour et nuit garnison,   5
Foulât dessous ses pieds l'envie, la colère,
L'avarice, l'orgueil, et tout ce populaire
Qui veut, séditieux, toujours donner la loi
A celui qu'il te plut leur ordonner pour roi.

[1] *La Première Semaine.* Holmes, II, 392, vss. 427-508. Text of 1585.
[2] His own, exact image.
[3] Where I may delineate.

AGRIPPA D'AUBIGNÉ

The achievement of Théodore-Agrippa d'Aubigné as a poet has perhaps been overshadowed by his importance as a warrior and a diplomat. Born on February 8, 1552 at Pons (Saintonge) of a noble Angevin family recently converted to Protestantism, he received an early humanist education from good private tutors. His studies in Paris (1562) were interrupted by the civil wars; in 1565 he studied with Théodore de Bèze at Geneva and in 1567 he began his career as a soldier and leader of Protestant bands. One of his expeditions led him to the Château de Talcy where he met Diane Salviati (1571), whom he courted for two years and for whom he wrote the *Hécatombe de Diane*. In 1573 he was introduced to Henri de Navarre, whose inseparable companion he remained for the next twenty years. It was D'Aubigné who prompted Henri's flight from the court in 1576 and who later directed many of his important decisions. He began the writing of *Les Tragiques* in 1577. When Henri IV was converted to Catholicism in 1593, D'Aubigné broke with him definitively and retired to his Château de Maillezais. The following years were marked by the death of his wife (he had married in 1583), the education of his three surviving children, and work on his *Histoire universelle* (covering the period of 1550-1601). With the assassination of Henri IV in 1610, he returned to active opposition to the Catholic party and to the Regent. His most important works were published in the following years: the *Tragiques* in 1616; the *Histoire universelle* in 1616, 1618, 1620; the satirical *Baron de Fœneste* in 1617, 1619, and 1620. Opposition to the later volumes obliged him to sell his properties in France in 1620 and to move to Switzerland, where he supervised the building of fortifications at Geneva, Basel, and Bern. He remarried there in 1623 and completed the writing of his *Vie à ses enfants*; in his last years he wrote the satirical *Confession catholique du sieur de Sancy*. He died in Geneva on May 9, 1630.

D'Aubigné's *Tragiques* are the most striking poetic production of Protestant France in the sixteenth century. The satire they present of the Catholic persecutors is neither subtle nor clever. Instead, it is informed by a burning rage which gives the whole work an effect of violence and excess. Any given passage is built through the piling up of salient details or of picturesque synonyms in a way to endow it with a surging forward movement. There are eloquent sections of vituperation, sympathetic portrayals of the afflicted, realistic descriptions. The work takes on a kind of epic magnitude and vigor. Because of its striking contrasts and seeming roughness of form, D'Aubigné's poetry has recently been much studied as a manifestation of the French "baroque."

READINGS

Imbrie Buffum, *Agrippa d'Aubigné's "Les Tragiques,"* New Haven, Yale University Press, 1951.

Armand Garnier, *Agrippa d'Aubigné et le parti protestant*, Paris, Fischbacher, 1928, 3 volumes.

Jean Plattard, *Agrippa d'Aubigné*, Paris, Boivin, 1931.

Samuel Rocheblave, *Agrippa d'Aubigné*, Paris, Hachette, 1910.

LES TRAGIQUES

LIVRE PREMIER : MISÈRES[1]

[The Book opens with an indictment of those who
have brought on the civil war and proceeds to an indica-
tion of the disastrous effects of the strife on various classes
and segments of society.]

Encor vous bienheureux qui, aux villes fermées,
D'un métier inconnu avez les mains armées,
Qui goûtez en la peur l'alternatif sommeil,
De qui le repos est à la fièvre pareil.
Mais je te plains, rustic, qui ayant la journée   5
Ta pantelante vie en rechignant gagnée,
Reçois au soir les coups, l'injure et le tourment,
Et la fuite et la faim, injuste payement.
Le paysan de cent ans, dont la tête chenue
Est couverte de neige, en suivant sa charrue   10
Voit galoper de loin l'argolet outrageux,
Qui d'une rude main arrache les cheveux,
L'honneur du vieillard blanc, piqué de son ouvrage[2]
Par qui la seule faim se trouvait au village.
Ne voit-on pas déjà, dès trois lustres passés,[3]   15
Que les peuples fuyards, des villages chassés,
Vivent dans les forêts? Là chacun d'eux s'asserre
Au ventre de leur mère, aux cavernes de terre.
Ils cherchent, quand l'humain leur refuse secours,
Les bauges des sangliers et les roches des ours,   20
Sans compter les perdus à qui la mort propice
Donne poison, cordeau, le fer, le précipice.[4]
Ce ne sont pas les grands, mais les simples paysans
Que la terre connaît pour enfants complaisants.
La terre n'aime pas le sang ni les ordures.   25
Il ne sort des tyrans et de leurs mains impures
Qu'ordures ni que sang; les aimés laboureurs
Ouvragent son beau sein de si belles couleurs,
Font courir les ruisseaux dedans les verdes[5] prées
Par les sauvages fleurs en émail diaprées,   30

Où par ordre et compas les jardins azurés
Montrent au ciel riant leurs carreaux mesurés.
Les parterres tondus et les droites allées
Des droiturières mains au cordeau sont réglées.
Ils sont peintres, brodeurs, et puis leurs grands tapis   5
Noircissent de raisins et jaunissent d'épis.
Les ombreuses forêts leur demeurent plus franches,
Éventent leurs sueurs et les couvrent de branches.
La terre semble donc, pleurante de souci,
Consoler les petits en leur disant ainsi: 10
«Enfants de ma douleur, du haut ciel l'ire émue
Pour me vouloir tuer premièrement vous tue;
Vous languissez, et lors le plus doux de mon bien
Va saoulant de plaisirs ceux qui ne valent rien.
Or, attendant le temps que le ciel se retire   15
Ou que le Dieu du ciel détourne ailleurs son ire
Pour vous faire goûter de ses douceurs après,
Cachez-vous sous ma robe en mes noires forêts,
Et, au fond du malheur, que chacun de vous entre,
Par deux fois mes enfants, dans l'obscur de mon ventre.   20
Les fainéants ingrats font brûler vos labeurs,
Vos seins sentent la faim et vos fronts les sueurs;
Je mets de la douceur aux amères racines
Car elles vous seront viande et médecines,
Et je retirerai mes bénédictions   25
De ceux qui vont suçant le sang des nations.
Tout pour eux soit amer, qu'ils sortent exécrables
Du lit sans reposer, allouvis de leurs tables!»
    Car pour montrer comment en la destruction
L'homme n'est plus un homme, il prend réfection   30
Des herbes, de charogne et viandes non prêtes,
Ravissant les repas apprêtés pour les bêtes.
La racine douteuse est prise sans danger,
Bonne si on la peut amollir et manger;
Le conseil de la faim apprend aux dents par force   35
A piller des forêts et la robe et l'écorce.
La terre sans façon a honte de se voir,
Cherche encore des mains et n'en peut plus avoir.
Tout logis est exil; les villages champêtres,
Sans portes et planchers, sans meubles et fenêtres,   40
Font une mine affreuse, ainsi que le corps mort
Montre, en montrant les os, que quelqu'un lui fait tort.
Les loups et les renards et les bêtes sauvages

Tiennent place d'humains, possèdent les villages,
Si bien qu'en même lieu où en paix on eut soin
De resserrer le pain, on y cueille le foin.
Si le rustique peut dérober à soi-même
Quelque grain recélé par une peine extrême,   5
Espérant sans espoir la fin de ses malheurs,
Lors on peut voir coupler troupe de laboureurs
Et d'un soc attaché faire place en la terre
Pour y semer le blé, le soutien de la guerre;
Et puis l'an ensuivant les misérables yeux,   10
Qui des sueurs du front trempaient, laborieux,
Quand subissant le joug des plus serviles bêtes,
Liés comme des bœufs ils se couplaient par têtes,
Voient d'un étranger la ravissante main
Qui leur tire la vie et l'espoir et le grain.   15
Alors baignés en pleurs dans les bois ils retournent,
Aux aveugles rochers les affligés séjournent.
Ils vont souffrant la faim qu'ils portent doucement
Au prix du déplaisir et infernal tourment
Qu'ils sentirent jadis, quand leurs maisons remplies   20
De démons encharnés, sépulcres de leurs vies,
Leur servaient de crottons; ou pendus par les doigts
A des cordons tranchants, ou attachés au bois
Et couchés dans le feu, ou de graisses flambantes
Les corps nus tenaillés, ou les plaintes pressantes   25
De leurs enfants pendus par les pieds, arrachés
Du sein qu'ils empoignaient, des tétins asséchés.
Ou bien, quand du soldat la diète alouvie
Tirait au lieu de pain de son hôte la vie,
Vengé mais non saoulé, père et mère meurtris   30
Laissaient dans les berceaux des enfants si petits
Qu'enserrés de cimois, prisonniers dans leur couche,
Ils mouraient par la faim; de l'innocente bouche
L'âme plaintive allait en un plus heureux lieu
Éclater sa clameur au grand trône de Dieu;   35
Cependant que les rois parés de leur substance
En pompes et festins trompaient leur conscience,
Étoffaient leur grandeur des ruines d'autrui,
Gras du suc innocent, s'égayant de l'ennui,
Stupides, sans goûter ni pitiés ni merveilles,   40
Pour les pleurs et les cris n'ayants yeux ni oreilles.
    Ici je veux sortir du général discours
De mon tableau public; je fléchirai le cours

De mon fil entrepris, vaincu de la mémoire
Qui effraie mes sens d'une tragique histoire:
Car mes yeux sont témoins du sujet de mes vers.
J'ai vu le reître noir foudroyer au travers
Les masures de France et comme une tempeste   5
Emporter ce qu'il peut, ravager tout le reste.
Cet amas affamé nous fit à Montmoreau[6]
Voir la nouvelle horreur d'un spectacle nouveau.
Nous vînmes sur leurs pas, une troupe lassée
Que la terre portait, de nos pas harassée.   10
Là de mille maisons on ne trouva que feux,
Que charognes, que morts ou visages affreux.
La faim va devant moi, force est que je la suive.
J'oy d'un gosier mourant une voix demi-vive;
Le cri me sert de guide, et fait voir à l'instant   15
D'un homme demi-mort le chef se débattant,
Qui sur le seuil d'un huis dissipait sa cervelle.
Ce demi-vif la mort à son secours appelle
De sa mourante voix, cet esprit demi-mort
Disait en son patois (langue de Périgord[7]):   20
«Si vous êtes Français, Français, je vous adjure,
Donnez secours de mort, c'est l'aide la plus sûre
Que j'espère de vous, le moyen de guérir:
Faites-moi d'un bon coup et promptement mourir.
Les reîtres m'ont tué par faute de viande,   25
Ne pouvant ni fournir ni ouïr leur demande.
D'un coup de coutelas l'un d'eux m'a emporté
Ce bras que vous voyez près du lit à côté;
J'ai au travers du corps deux balles de pistole.»
Il suivit, en coupant d'un grand vent sa parole: 30
«C'est peu de cas encor et de pitié de nous;
Ma femme en quelque lieu, grosse, est morte de coups.
Il y a quatre jours qu'ayants été en fuite
Chassés à la minuit, sans qu'il nous fût licite
De sauver nos enfants liés en leurs berceaux.   35
Leurs cris nous appelaient, et entre ces bourreaux
Pensant les secourir nous perdîmes la vie.
Hélas! si vous avez encore quelque envie
De voir plus de malheur, vous verrez là-dedans
Le massacre piteux de nos petits enfants.»   40
J'entre, et n'en trouve qu'un, qui lié dans sa couche
Avait les yeux flétris, qui de sa pâle bouche
Poussait et retirait cet esprit languissant

Qui, à regret son corps par la faim délaissant,
Avait lassé sa voix bramant après sa vie.
Voici après entrer l'horrible anatomie
De la mère asséchée; elle avait de dehors
Sur ses reins dissipés traîné, roulé son corps,　　　　5
Jambes et bras rompus, une amour maternelle
L'émouvant pour autrui beaucoup plus que pour elle.
Atant elle approcha sa tête du berceau,
La releva dessus; il ne sortait plus d'eau
De ses yeux consumés; de ses plaies mortelles　　　　10
Le sang mouillait l'enfant; point de lait aux mamelles,
Mais des peaux sans humeur: ce corps séché, retrait,
De la France qui meurt fut un autre portrait.[8]
Elle chercait des yeux deux de ses fils encor;
Nos fronts l'épouvantaient. Enfin la mort dévore　　　　15
En même temps ces trois. J'eus peur que ces esprits
Protestassent mourants contre nous de leurs cris.
Mes cheveux étonnés hérissent en ma tête;
J'appelle Dieu pour juge, et tout haut je déteste
Les violeurs de paix, les perfides parfaits　　　　20
Qui d'une sale cause amènent tels effets.
Là je vis étonnés les cœurs impitoyables,
Je vis tomber l'effroi dessus les effroyables.
Quel œil sec eût pu voir les membres mi-mangés
De ceux qui par la faim étaient morts enragés?　　　　25
　　Et encore aujourd'hui, sous la loi de la guerre,
Les tigres vont brûlant les trésors de la terre,
Notre commune mère, et le dégât du pain
Au secours des lions ligue la pâle faim.
En ce point, lorsque Dieu nous épanche une pluie,　　　　30
Une manne de blés pour soutenir la vie,
L'homme, crevant de rage et de noire fureur,
Devant les yeux émus de ce grand bienfaiteur
Foule aux pieds ses bienfaits en vilenant sa grâce,
Crache contre le ciel, ce qui tourne en sa face.　　　　35
La terre ouvre aux humains et son lait et son sein,
Mille et mille douceurs que de sa blanche main
Elle apprête aux ingrats, qui les donnent aux flammes.
Les dégâts font languir les innocentes âmes.
En vain le pauvre en l'air éclate[9] pour du pain;　　　　40
On embrase la paille, on fait pourrir le grain
Au temps que l'affamé à nos portes séjourne.
Le malade se plaint; cette voix nous adjourne

Au trône du grand Dieu; ce que l'affligé dit
En l'amer de son cœur, quand son cœur nous maudit,
Dieu l'entend, Dieu l'exauce, et ce cri d'amertume
Dans l'air ni dans le feu volant ne se consume.
Dieu scelle de son sceau ce piteux testament, 5
Notre mort en la mort qui le va consumant.

NOTE: Basic text for D'Aubigné, ed. A. Garnier and J. Plattard, *Les Tragiques*, Paris, 1932, 4 volumes, "Société des Textes français modernes." Text of the undated second edition.

[1] *Misères.* Garn., I, 59, vss. 253-460.

[2] Enraged at the desolation resulting from his (the "argolet's") own labors.

[3] From 1562 to 1577; cf. Ronsard's *Discours des Misères de ce temps* (p. 107 above) on the beginnings of the struggle.

[4] From which to jump in committing suicide.

[5] *Vertes.*

[6] In Charente, where the scene he describes took place in 1569.

[7] In the dialect of Perigord.

[8] The first portrait had been painted in vss. 97 ff., where France was compared to the mother of Jacob and Esau.

[9] Cries out.

LIVRE SECOND: PRINCES[1]

[In Bk. II D'Aubigné strikes out against the court of Catherine de Médicis and her sons, François II, Charles IX, and Henri III, for their neglect of what he considered to be their responsibilities to their people.]

Ceux-là[2] qui, dépendant leurs vies en renom,
Ont prodigué leurs os aux bouches du canon,
Lorsque ces pauvres fols, ébranchés de leurs membres,
Attendent le conseil et les princes aux chambres, 10
Ils sont jetés arrière, et un bouffon bravant
Blessera le blessé pour se pousser devant.
Pour ceux-là n'y a point de finance en nos comptes,
Mais bien les hochenez, les opprobres, les hontes,
Et, au lieu de l'espoir d'être plus renommés, 15
Ils donnent passetemps aux muguets parfumés.
Nos princes ignorants tournent leurs louches vues,
Courants à leurs plaisirs, éhontés, par les rues,
Tous ennuyés d'ouïr tant de fâcheuses voix,

De voir les bras de fer et les jambes de bois,
Corps vivants à demi, nés pour les sacrifices
Du plaisir de nos rois ingrats de leurs services.
Prince, comment peux-tu celui abandonner
Qui pour toi perd cela que tu ne peux donner?   5
Misérable vertu pour néant désirée,
Trois fois plus misérable et trois fois empirée,
Si la discrétion n'apprend aux vertueux
Quels rois ont mérité que l'on se donne à eux;
Pource que bien souvent nous souffrons peines telles,   10
Soutenant des plus grands les injustes querelles,
Valets de tyrannie, et combattons exprès
Pour établir le joug qui nous accable après.
Nos pères étaient francs; nous qui sommes si braves,
Nous lairrons des enfants qui seront nés esclaves!   15
Ce trésor précieux de notre liberté
Nous est par les ingrats injustement ôté,
Les ingrats insolents à qui leur est fidèle
Et libéraux, de crainte, à qui leur est rebelle.
Car à la force un grand conduit sa volonté,   20
Dispose des bienfaits par la nécessité,
Tient l'acquis pour acquis, et pour avoir ouï dire
Que le premier accueil aux Français peut suffire,
Aux anciens serviteurs leur bien n'est départi,
Mais à ceux qui sans dons changeraient de parti.   25
Garder bien l'acquêté n'est une vertu moindre
Qu'acquérir tous les jours et le nouveau adjoindre.
Les princes n'ont pas su que c'est pauvre butin
D'ébranler l'assuré pour chercher l'incertain.
Les habiles esprits, qui n'ont point de nature   30
Plus tendre que leur prince, ont un vouloir qui dure
Autant que le sujet, et en servant les rois
Sont ardents comme feu tant qu'ils trouvent du bois.
    Quiconque sert un Dieu dont l'amour et la crainte
Soit bride à la jeunesse et la tienne contrainte,   35
Si bien que vicieux, et non au vice né,
Dans le seuil du péché il se trouve étonné,
Se polluant moins libre au plaisir de son maître
Il n'est plus agréable, et tel ne saurait être.
Nos rois qui ont appris à machiavéliser,   40
Au temps et à l'état leur âme déguiser,
Ployant la piété au joug de leur service
Gardent religion pour âme de police.

O quel malheur du ciel, vengeance du destin,
Donne des rois enfants et qui mangent matin?[3]
O quel phénix du ciel est un prince bien sage
De qui l'œil gracieux n'a forcené de rage,
Qui n'a point soif de sang, de qui la cruauté   5
N'a d'autrui la fureur par le sceptre hérité!
Qui, philosophe et roi, règne par la science
Et n'est fait impuissant par sa grande puissance!
Ceux-là règnent vraiment, ceux-là sont de vrais rois
Qui sur leurs passions établissent des lois,   10
Qui règnent sur eux-même, et d'une âme constante
Domptent l'ambition volage et impuissante;
Non les hermaphrodits,[4] monstres efféminés,
Corrompus, bourdeliers, et qui étaient mieux nés
Pour valets des putains que seigneurs sur les hommes,   15
Non les monstres du siècle et du temps où nous sommes;
Non pas ceux qui sous l'or, sous le pourpre royal,
Couvent la lâcheté, un penser déloyal,
La trahison des bons, un mépris de la charge
Que sur le dos d'un roi un bon peuple décharge;   20
Non ceux qui souffrent bien les femmes[5] avoir l'œil
Sur la sainte police et sur le saint conseil,
Sur les faits de la guerre et sur la paix, émue
De plus de changements que de vent une nue.
Cependant que nos rois, doublement déguisés,[6]   25
Écument une rue en courant, attisés
A crocheter l'honneur d'une innocente fille
Ou se faire étalons des bourdeaux de la ville.
Au sortir des palais le peuple ruiné
A ondes se prosterne, et le pauvre, étonné,   30
Coule honteusement quand les plaisants renversent
Les faibles à genoux, qui sans profiter versent
Leurs larmes en leur sein, quand l'amas arrangé
Des gardes impiteux afflige l'affligé.

En autant de malheurs qu'un peuple misérable   35
Traîne une triste vie en un temps lamentable,
En autant de plaisirs les rois voluptueux,
Ivres d'ire et de sang, nagent luxurieux
Sur le sein des putains, et ce vice vulgaire
Commence désormais par l'usage à déplaire,   40
Et comme le péché qui le plus commun est
Sent par trop sa vertu, aux vicieux déplaît,
Le prince est trop atteint de fâcheuse sagesse

Qui n'est que le ruffien d'une sale princesse;
Il n'est pas galant homme et n'en sait pas assez
S'il n'a tous les bordeaux de la cour tracassés;
Il est compté pour sot s'il échappe quelqu'une
Qu'il n'ait jà en dédain pour être trop commune.   5
Mais pour avoir en cour un renom grand et beau,
De son propre valet faut être maquereau,
Éprouver toute chose et, hasardant le reste,
Imitant le premier commettre double inceste.
Nul règne ne sera pour heureux estimé   10
Que son prince ne soit moins craint, et plus aimé;
Nul règne pour durer ne s'estime et se compte
S'il a prêtres sans crainte et les femmes sans honte;
S'il n'a loi sans faveur, un roi sans compagnons,
Conseil sans étranger, cabinet sans mignons.   15

[After violent attacks on the private lives of Catherine
and her children, D'Aubigné passes on to a description
of what happens to an honest man when he arrives at
their court.]

Un père, deux fois père, employa sa substance
Pour enrichir son fils des trésors de science;
En couronnant ses jours de ce dernier dessein,
Joyeux il épuisa ses coffres et son sein,
Son avoir et son sang; sa peine fut suivie   20
D'heur à parachever le présent de la vie.
Il voit son fils savant, adroit, industrieux,
Mêlé dans les secrets de nature et des cieux,
Raisonnant sur les lois, les mœurs et la police:
L'esprit savait tout art, le corps tout exercice.   25
Ce vieil Français, conduit par une antique loi,
Consacra cette peine et son fils à son roi,
L'équipe; il vient en cour. Là cette âme nouvelle,
Des vices monstrueux ignorante et pucelle,
Voit force hommes bien faits, bien morgants, bien vêtus; 30
Il pense être arrivé à la foire aux vertus,
Prend les occasions qui semblaient les plus belles
Pour étaler premier ses intellectuelles,[7]
Se laisse convier, se conduisant ainsi
Pour n'être ni entrant ni retenu[8] aussi;   35
Toujours respectueux, sans se faire de fête,[9]
Il contente celui qui l'attaque et l'arrête.

Il ne trouve auditeurs qu'ignorants envieux
Diffamant le savoir de noms ingénieux.
S'il trousse l'épigramme ou la stance bien faite,
Le voilà découvert, c'est fait, c'est un poëte;
S'il dit un mot salé, il est bouffon, badin;   5
S'il danse un peu trop bien, saltarin, baladin;[10]
S'il a trop bon fleuret, escrimeur il s'appelle;
S'il prend l'air[11] d'un cheval, c'est un saltin-bardelle;[12]
Si avec art il chante, il est musicien;
Philosophe, s'il presse en bon logicien;   10
S'il frappe là-dessus et en met un par terre,
C'est un fendant qu'il faut saler après la guerre;
Mais si on sait qu'un jour, à part, en quelque lieu,
Il mette genouil bas, c'est un prieur de Dieu.
  Cet esprit offensé dedans soi se retire,   15
Et, comme en quelque coin se cachant il soupire,
Voici un gros amas qui emplit jusqu'au tiers
Le Louvre de soldats, de braves chevaliers,
De noblesse parée; au milieu de la nue
Marche un duc, dont la face au jeune homme inconnue   20
Le renvoie au conseil d'un page traversant
Pour demander le nom de ce prince passant.
Le nom ne le contente, il pense, il s'émerveille,
Tel mot n'était jamais entré en son oreille.
Puis cet étonnement soudain fut redoublé   25
Alors qu'il vit le Louvre aussitôt dépeuplé
Par le sortir d'un autre, au beau milieu de l'onde
De seigneurs l'adorant comme un roi de ce monde.
Notre nouveau venu s'accoste d'un vieillard
Et pour en prendre langue[13] il le tire à l'écart;   30
Là il apprit le nom dont l'histoire de France
Ne lui avait donné ne vent ne connaissance.
Ce courtisan grison, s'émerveillant de quoi
Quelqu'un méconnaissait les mignons de son roi,
Raconte leurs grandeurs, comme la France entière,   35
Escabeau de leurs pieds, leur était tributaire.
A l'enfant qui disait: «Sont-ils grands terriens
Que leur nom est sans nom par les historiens?»
Il répond: «Rien du tout, ils sont mignons du prince.»
«Ont-ils sur l'Espagnol conquis quelque province?   40
Ont-ils par leurs conseils relevé un malheur,
Délivré leur pays par extrême valeur?
Ont-ils sauvé le roi, commandé quelque armée,

Et par elle gagné quelque heureuse journée?»
A tout fut répondu: «Mon jeune homme, je crois
Que vous êtes bien neuf, ce sont mignons du roi.»
   Ce mauvais courtisan,[14] guidé par la colère,
Gagne logis et lit; tout vient à lui déplaire,   5
Et repas et repos. Cet esprit transporté
Des visions du jour, par idée infecté,
Voit dans une lueur sombre, jaunâtre et brune, .
Sous l'habit d'un réseul, l'image de Fortune
Qui entre à la minuit, conduisant des deux mains   10
Deux enfants nus bandés; de ces frères germains
L'un se peint fort souvent, l'autre ne se voit guère
Pource qu'il a les yeux et le cœur par derrière.[15]
La bravache s'avance, envoie brusquement
Les rideaux; elle accole et baise follement   15
Le visage effrayé; ces deux enfants étranges,
Sautés dessus le lit, peignent des doigts les franges.
Alors Fortune, mère aux étranges amours,
Courbant son chef paré de perles et d'atours,
Déploie tout d'un coup mignardises et langue,   20
Fait de baisers les points d'une telle harangue:
«Mon fils, qui m'as été dérobé du berceau,
Pauvre enfant mal nourri, innocent jouvenceau,
Tu tiens de moi ta mère un assez haut courage,
Et j'ai vu aujourd'hui, aux feux de ton visage,   25
Que le dormir n'aurait pris ni cœur ni esprits
En la nuit qui suivra le jour de ton mépris.
Embrasse, mon enfant mal nourri par ton père,
Le col et les desseins de Fortune ta mère.
Comment, mal conseillé, pipé, trahi, suis-tu   30
Par chemins épineux la stérile Vertu?
Cette sotte, par qui me vaincre tu essaies,
N'eut jamais pour loyer que les pleurs et les plaies,
De l'esprit et du corps les assidus tourments,
L'envie, les soupçons et les bannissements;   35
Qui pis est, le dédain; car sa trompeuse attente
D'un vain espoir d'honneur la vanité contente.
De la pauvre Vertu l'orage n'a de port
Qu'un havre tout vaseux d'une honteuse mort.
Es-tu point envieux de ces grandeurs romaines?   40
Leurs rigoureuses mains tournèrent par mes peines
Dedans leur sein vaincu leur fer victorieux.
Je t'épiais ces jours lisant, si curieux,

La mort du grand Sénèque[16] et celle de Thrasée,[17]
Je lisais par tes yeux en ton âme embrasée
Que tu enviais plus Sénèque que Néron,
Plus mourir en Caton[18] que vivre en Cicéron;[19]
Tu estimais la mort en liberté plus chère   5
Que tirer en servant une haleine précaire.
Ces termes spécieux sont tels que tu conclus
Au plaisir de bien être, ou bien de n'être plus.
Or, sans te surcharger de voir les morts et vies
Des anciens qui faisaient gloire de leurs folies,   10
Que ne vois-tu ton siècle, ou n'appréhendes-tu
Le succès des enfants aînés de la vertu:
Ce Bourbon[20] qui, blessé, se renfonce en la presse,
Tôt assommé, traîné sur le dos d'une ânesse;
L'Amiral[21] pour jamais sans surnom, trop connu,   15
Meurtri, précipité, traîné, mutilé, nu?
La fange fut sa voie au triomphe sacrée,
Sa couronne un collier, Montfaucon[22] son trophée;
Vois sa suite aux cordeaux, à la roue, aux poteaux,
Les plus heureux d'entre eux quittes pour les couteaux,   20
De ta Dame loyers, qui paye, contemptible,
De rude mort la vie hasardeuse et pénible.
Lis curieux l'histoire, en ne donnant point lieu,
Parmi ton jugement, au jugement de Dieu;
Tu verras ces vaillants en leurs vertus extrêmes   25
Avoir vécu géhennés et être morts de même.»

[1] *Princes.* Garn. II, 42 and 80, vss. 599-712, 1107-1240.
[2] Those who have fought in the King's wars and now seek their reward.
[3] I.e., who prematurely yield to the satisfaction of their personal passions.
[4] Because of their effeminate dress and manner. The reference is to Henri III and his favorites, whose conduct scandalized their contemporaries.
[5] An attack on Catherine de Médicis.
[6] I.e., in their souls and in their dress.
[7] I.e., *vertus intellectuelles.*
[8] Neither forward nor bashful.
[9] To invite oneself.
[10] Both words here mean a fancy dancer.
[11] Its peculiar gait.
[12] A tricky horseman.
[13] To get information.

14 The young, innocent courtier.

15 Could this be the part of Fortune which looks back at opportunities missed?

16 Seneca committed suicide on Nero's orders.

17 Thraseas was also condemned to death by Nero and took his own life.

18 Cato of Utica, a Stoic philosopher, killed himself at the downfall of the Roman republic.

19 Here taken as an example of compromise.

20 Louis de Bourbon, prince de Condé, killed at the battle of Jarnac, March 13, 1569.

21 Gaspard de Coligny, one of the victims of the St. Bartholomew Massacre, August 24, 1572.

22 Site of a gallows outside Paris.

JEAN DE LA CEPPÈDE

Practically nothing is known of the life of Jean de la Ceppède, who has only recently come to be recognized as an important figure in French poetry of the end of the sixteenth century. His poems are now being edited by François Ruchon, who will undoubtedly throw considerable light on the poet's biography. La Ceppède was born in Marseille about 1545-46. He became associated as "conseiller" with the Parlement d'Aix in 1578, and in 1608 became president of the Chambre des Comptes de Provence. His career was thus a legal one, in which the writing of poetry was incidental. His first published work was the *Imitation des Psaumes de la pénitence, avec des sonnets et des méditations sur le mystère de la Rédemption* (Lyon, 1594); its full title is significant as showing his preoccupation with religious subjects and his mystical approach to them. The materials in this volume were reprinted, with others, in the *Théorèmes* at Toulouse, 1613 and 1621. La Ceppède was known and honored by Malherbe, the herald of the new generation of poets, who spoke of La Ceppède thus in a preliminary sonnet to Volume I of the *Théorèmes* :

J'estime Laceppède, et l'honore, et l'admire
Comme un des ornements les premiers de nos jours.

La Ceppède died in 1622.

Critics of recent years have seen in the poetry of La Ceppède a kind of religious fervor and of mystical intensity which resembles that of the English metaphysical poets. They have also seen, because of certain mannerisms and some stylistic habits, manifestations of the "baroque" spirit. The sonnets are indeed different in tonality from the majority of French Renaissance lyrics, and this difference lies precisely in their mystical intention. They are not related to the Platonism, to the Petrarchism, to the amatory tradition of the poets of the

Pléiade, nor is their religious element akin to that of the Protestant apologists. Rather, they express a deep personal conviction which is served by a very effective artistic technique.

READINGS

Alan M. Boase, "Poètes anglais et français de l'époque baroque," *Revue des sciences humaines*, juillet-décembre 1949, pp. 155-184.

Henri Brémond, *Histoire littéraire du sentiment religieux en France :* Vol. 1, "L'Humanisme dévot (1580-1660)," Paris, Bloud et Gay, 1924, pp. 347-357.

Jean Rousset, *Jean de La Ceppède : Choix des Textes et Préface*, Paris, GLM, 1947.

PREMIÈRE PARTIE

LIVRE I, SONNET VIII

Mais qui vous meut, Seigneur,[1] de sortir à cette heure?
De passer ce torrent? de gravir sur ce mont?
De revoir ce jardin où l'apôtre parjure
Conduit mille assassins pour vous faire un affront?
Vous fuîtes l'autre jour[2] pour ne voir votre front   5
Ceint du bandeau royal; maintenant on conjure
De vous assassiner, et vous êtes si prompt
D'aller pour recevoir une mortelle injure.
O doux-forçant amour, que ton pouvoir est fort!
Ni l'effroi des torments ni l'horreur de la mort   10
Ne peuvent arrêter cet amoureux courage.
Mon Roi, puisque pour moi vous courez au trépas,
Faites que votre grâce à ce coup m'encourage
Et me donne pouvoir de talonner vos pas.

Note: Basic text for La Ceppède, *Théorèmes*, Toulouse, Colomiez, 1613 and 1621. The sonnets are found on the following pages: Part I: I, viii, Vol. I, p. 33; I, xxxvi, Vol. I, p. 83; II, liv, Vol. I, p. 287; II, lxx, Vol. I, p. 304; III, lxxxv, Vol. I, p. 483; Part II: I, i, Vol. II, p. 1; I, v, Vol. II, p. 15; III, "Vœu," Vol. II, p. 533. The commentary is largely derived from La Ceppède's own extensive glosses to his sonnets.

    [1] The sonnet is addressed to Christ on the way up to Calvary.
    [2] John 6.15.

LIVRE I, SONNET XXXVI

Un ange avait prédit le temps de sa[1] venue;   15
Au jeune enfant prophète[2] un ange au temps promis
L'annonça,[3] la[4] fit être à cet esprit[5] connue
Qu'amour à son empire onques ne vit soumis.[6]
Par un ange il rendit les pensers affermis
Qui troublaient de Joseph la vieillesse chenue.[7]   20
Les anges ont chanté sa crèche dans la nue.[8]
Un ange l'enleva d'emmi ses ennemis.[9]

Par l'ange les pasteurs sa naissance entendirent.[10]
Les anges au désert à ses pieds se rendirent.[11]
Un ange maintenant conforte ses esprits.[12]
O truchements du ciel, combien de bénéfices
Nous apportent vos faits! Vous nous avez appris 5
Qu'il était homme et Dieu, par vos divers offices.

[1] I.e., of Christ.
[2] Daniel 9.24-26.
[3] Luke 1.26.
[4] *Sa venue.*
[5] The Virgin.
[6] Luke 1.30.
[7] Matt. 1.20.
[8] Luke 2.13, 14.
[9] Matt. 2.13, 19.
[10] Luke 2.10.
[11] Matt. 4.11 and Mark 1.13.
[12] La Ceppède explains the plural as referring to the "natural and vital" spirits, not to the reason, and cites St. Thomas.

LIVRE II, SONNET LIV

Blanc est le vêtement du grand Père sans âge,[1]
Blancs sont les courtisans[2] de sa blanche maison,[3]
Blanc est de son esprit l'étincelant pennage,[4]
Blanche est de son agneau la brillante toison. 10
Blanc est le crêpe saint dont, pour son cher blason,[5]
Aux noces de l'agneau l'épouse s'avantage.[6]
Blanc est or le manteau dont par même raison
Cet innocent époux se pare en son noçage.
Blanc était l'ornement dont le pontife vieux 15
S'affublait pour dévot offrir ses vœux aux cieux.[7]
Blanc est le parement de ce nouveau grand prêtre.[8]
Blanche est la robe due au fort victorieux.[9]
Ce vainqueur, bien qu'il aille à la mort se soumettre,
Blanc sur la dure mort triomphe glorieux. 20

[1] Daniel 7.9.
[2] The angels and the elect; Rev. 6.11, 7.9, 13, 14; John 20.12; Acts 1.10 and 10.30.
[3] Jerusalem; cf. Tobias 13.20, 22.

[4] The dove of the Holy Ghost; Matt. 3.16, Mark 1.10, Luke 3.22.
[5] The white robe symbolizes innocence; La Ceppède cites Augustinus Niphus, Alexander of Aphrodisias, and Aulus Gellius.
[6] Rev. 19.7, 8.
[7] Aaron in Lev. 16.4.
[8] Christ; cf. Hebrews 9.11.
[9] Rev. 3.5.

LIVRE II, SONNET LXX

Voici l'Homme. O mes yeux, quel objet déplorable!
La honte, le veiller, la faute d'aliment,
Les douleurs et le sang perdu si largement
L'ont bien tant déformé qu'il n'est plus désirable.[1]
Ces cheveux, l'ornement de son chef vénérable,   5
Sanglantés, hérissés par ce couronnement,
Embrouillés dans ces joncs, servent indignement
A son test ulcéré d'une haie exécrable.
Ces yeux, tantôt si beaux, rébattus, renfoncés,
Ressalis, sont, hélas! deux soleils éclipsés.   10
Le coral de sa bouche est ores jaune pâle.
Les roses et les lys de son teint son flétris.
Le reste de son corps est de couleur d'opale,
Tant de la tête aux pieds ses membres sont meurtris.[2]

[1] Having now neither beauty nor grace; cf. Isaiah 53.2.
[2] Isaiah 1.6.

LIVRE III, SONNET LXXXV

Dès que cette oraison[1] fut par lui prononcée,   15
Il laisse un peu sa tête à main droite pencher,
Non tant pour les douleurs dont elle est offensée
Que pour semondre ainsi la Parque[2] d'approcher.[3]
Voilà soudain la peau de son front dessécher,
Voilà de ses beaux yeux tout à coup enfoncée   20
L'une et l'autre prunelle et leur flamme éclipsée,
Leur paupière abattue et leurs reaux[4] se cacher.
Ses narines à peine étant plus divisées
Rendent son nez aigu; ses temples sont crusées;[5]

Sur ses lèvres s'épand la pâleur de la mort.
Son haleine est deux fois perdue et recouverte;
A la tierce il expire[6] avec un peu d'effort,
Les yeux à demi clos et la bouche entr'ouverte.

[1] Matt. 27.46.
[2] I.e., death.
[3] La Ceppède refers to St. Athanasius, Question 75.
[4] He provides a long note on the sense in which painters use the term *rehaut*.
[5] *Creusées*.
[6] Cf. Luke 23.46, Mark 15.37.

DEUXIÈME PARTIE

LIVRE I, SONNET I

J'ai chanté le combat, la mort, la sépulture   5
Du Christ qu'on a comblé de torts injurieux;
Je chante sa descente aux antres stygieux[1]
Pour tirer nos aïeux de leur noire clôture.[2]
Je chante, émerveillé, comme sans ouverture
De sa tombe il en sort vivant, victorieux.   10
Je chante son triomphe et l'effort glorieux
Dont il guinda là-haut l'une et l'autre nature.[3]
Clair esprit dont ma muse a ci-devant appris
Ses douleurs, ses tourments, sa honte et son mépris,
Faites qu'or de sa gloire elle soit étoffée.   15
Sus, Vierge! il faut tarir les torrents de vos pleurs.
Je veux, si vous m'aidez, élever son trophée
Et guirlander son chef de mille et mille fleurs.

[1] Stygian. La Ceppède finds authority for the descent into Hell in St. Augustine.
[2] I.e., Hell.
[3] Divine and human, i.e., soul and body; the reference is to St. Thomas.

LIVRE I, SONNET V

Les escadrons ailés du céleste pourpris,
Par le Père choisis des bandes coronnelles,
Jaloux d'exécuter les charges paternelles,
Accompagnent le Fils au voyage entrepris.[1]
Approchant les cachots des rebelles esprits,   5
Ils vont criant aux rois des ombres criminelles:
«Ouvrez à ce grand Roi vos portes éternelles,
Puisqu'il a rançonné les siens à si grand prix.
C'est le Roi de la gloire! il faut, il faut qu'il entre.»
Tout l'Averne[2] croulant du comble jusqu'au centre   10
Troublé répond: «Quel est ce prince glorieux?»
«C'est le Seigneur très fort,» répliquent les bons anges,
«Très puissant au combat, toujours victorieux,
Dont les cieux et la terre annoncent les louanges.»[3]

[1] The Harrowing of Hell. Authority for the attendant angels is found is Ludolphus.
[2] Avernus, used here as synonymous with Hell.
[3] Psalms 18; the latter part of the sonnet is a paraphrase of the prophesy of David in Psalms 23.8 ff. (Vulgate).

LIVRE III: VŒU POUR LA FIN DE CE LIVRE

Heureuse fut, Seigneur, cette troupe choisie   15
Qui vous vit à ce coup remonter dans les cieux;
Mais d'un bien plus grand heur[1] est toute âme saisie
Qui des yeux de la foi vous voit ore ès hauts lieux.
Il vous a plu, mon Christ, tirer de mes ans vieux
Aux loisirs dérobés cette humble poésie;   20
Faites qu'à tout esprit elle donne ces yeux
Afin que tout esprit de vous se rassasie.
Il faut croire premier.[2] Faites que nous croyons
Et, fidèles croyants, faites que nous voyons[3]
Par la foi dans le ciel vos mains victorieuses.   25
Nous les adorerons ici-bas; puis un jour,
Revivants, nous suivrons vos pistes glorieuses
Et vous hommagerons au céleste séjour.

[1] John 20.19.
[2] St. Augustine.
[3] The 1613 text gives *croyons:voyons*; but it is possible that both forms may have been intended as subjunctives.

JEAN DE SPONDE

Known during his lifetime as a scholar and as a Protestant dignitary who later turned Catholic and Catholic apologist, Jean de Sponde has only recently been discovered as a gifted poet. He was born in 1557 at Mauléon-de-Soule in the Basque country. He was a protégé of Jeanne d'Albret, Queen of Navarre, until 1572, when he came under the protection of Henri de Navarre, later Henri IV. His early studies in Calvinist schools of the region made him an excellent Greek scholar, and in 1577 he began his translation of Homer into Latin (published at Basel in 1583). His wanderings as a student took him to Basel. to Geneva, possibly to Toulouse. During these years he mixed such activities as alchemy and the continuing work on Greek texts; during these years also he wrote his first verses, probably the love sonnets and certainly a group of occasional pieces published beginning· in 1581. His text and translation of Aristotle's *Organon* appeared in 1583. Much more important, however, was the publication in 1588 of his *Méditations sur les psaumes XIIII. ou LIII., XLVIII., L. et LXII., avec un Essay de quelques poèmes chrestiens*, a volume which contained the "Stances de la Cène," the "Stances de la Mort," and twelve "Sonnets de la Mort." Around 1589, after a short imprisonment by the Ligue at Paris, he took up residence at La Rochelle, where he ultimately became lieutenant-general of the seneschally. While there he published Jacques Faye's *Remontrances* (1591) and his own translation of Hesiod's *Works and Days* (1592). In 1593 he left that city, met Cardinal Du Perron at Tours, and was converted to Catholicism. His conversion was followed by bitter attacks, which he answered in a *Déclaration* (1594). After the massacre of his father by the Ligueurs he took up residence in the Biscay mountains and at Bordeaux. He died on March 18, 1595, at Bordeaux.

After his death most, but not all, of his poems were published by Raphaël du Petit-Val at Rouen in various *Recueils* (1597,

1598, 1599) containing also the works of other poets. Sponde's poetry possesses a mystical quality not frequently found in poets of the French Renaissance, but shared by his contemporary, Jean de la Ceppède. This sometimes is expressed simply and directly, sometimes in a highly mannered and complicated way. Even when the style is overwrought, however, the emotional effect is surely achieved, largely through concentration upon the central passion and through a kind of intense reiteration of the ideas.

READINGS

Marcel Arland, *Jean de Sponde : Œuvre Poétique*, Paris, Stock, 1945.

Alan M. Boase, *Stances et Sonnets de la Mort par le sieur Jean de Sponde*, Paris, Corti, 1947.

E. Droz, "Les Années d'études de Jean et d'Henry de Sponde," *Bibliothèque d'Humanisme et Renaissance*, IX (1947), pp. 141-150.

E. Droz, "Jean de Sponde et Pascal de L'Estocart," *Ibid.*, XIII (1951), pp. 312-326.

François Ruchon, "Essai sur la vie de Jean de Sponde, 1557-1595" and Alan M. Boase, "Étude sur les poésies de Jean de Sponde," in *Sponde : Poésies*, Geneva, Éditions Pierre Cailler, 1949.

François Ruchon, "Jean de Sponde et ses *Méditations sur les Pseaumes*," *Bibliothèque d'Humanisme et Renaissance*, XIII (1951), pp. 295-311.

SONNETS D'AMOUR[1]

VI

Mon Dieu, que je voudrais que ma main fût oisive,
Que ma bouche et mes yeux reprissent leur devoir!
Écrire est peu: c'est plus de parler et de voir;
De ces deux œuvres l'une est morte et l'autre vive.
Quelque beau trait d'amour que notre main écrive,   5
Ce sont témoins muets qui n'ont pas le pouvoir
Ni le semblable poids que l'œil pourrait avoir,
Et de nos vives voix la vertu plus naïve.
Mais quoi? n'étaient encor ces faibles étançons
Et ces fruits mi-rongés dont nous le nourrissons,   10
L'amour mourrait de faim et cherrait en ruine.
Écrivons, attendant de plus fermes plaisirs,
Et si le temps domine encor sur nos désirs,
Faisons que sur le temps la constance domine.

NOTE: Basic text for Sponde, ed. A. Boase and Fr. Ruchon,
Poésies, Geneva, 1949. Text of 1599.
[1] *Sonnets d'Amour*. The poems included are found on the following
pages of Boase-Ruchon: VI, p. 178; X, p. 182; XII, p. 184; XIV,
p. 186; XVII, p. 189; *Chanson*, p. 202; *Chanson*, p. 207; *Stances*, p. 224.

X

Je ne bouge non plus qu'un écueil dedans l'onde   15
Qui fait fort à l'orage et le fait reculer.
Il me trouve affermi, qui cherche à m'ébranler,
Dussé-je voir branler contre moi tout le monde.
Chacun qui voit combien tous les jours je me fonde
Sur ce constant dessein, se mêle d'en parler,   20
Trouble la terre et l'air afin de me troubler,
Et ne pouvant rien plus, pour le moins il en gronde.
Mais je n'écoute point (que pour le mépriser)
Ce propos enchanteur qui tend à m'abuser

Et me ravir le bien que leur rage m'envie.
Laissons, laissons-les dire, un seul mot me suffit:
Qu'en la guerre d'amour une âme bien nourrie
Emporte tout l'honneur emportant le profit.

XII

Mon cœur, ne te rends point à ces ennuis d'absence,   5
Et quelques forts qu'ils soient, sois encore plus fort;
Quand même tu serais sur le point de la mort,
Mon cœur, ne te rends point et reprends ta puissance.
Que si tant de combats te donnent connaissance
Que tu n'es pas toujours pour rompre leur effort,   10
Garde-toi de tomber en un tel déconfort
Que ton amour jamais y perde son essence.
Puisque tous tes soupirs sont ainsi retardés,
Laisse, laisse courir ces torrents débordés
Et monte sur les rocs de ce mont de constance;   15
Ainsi dessus les monts ce sage chef Romain[1]
Différa ses combats du jour au lendemain,
Se moqua d'Hannibal, rompant sa violence.

[1] Quintus Fabius Maximus Verrucosus (d. 203 B.C.), who foiled Hannibal with delaying tactics.

XIV

Quand le vaillant Hector, le grand rempart de Troie,[1]
Sortit tout enflammé sur les nefs des Grégeois,   20
Et qu'Achille charmait d'une plaintive voix
Son oisive douleur, sa vengeance de joie;
Comme quand le soleil dedans l'onde flamboie,
L'onde des rais tremblants repousse dans les toits;
La Grèce tout ainsi flottante cette fois   25
Eut peur d'être à la fin la proie de sa proie.
Un seul bouclier d'Ajax se trouvant le plus fort
Soutint cette fureur et dompta cet effort.[2]
J'eusse perdu de même en cette horrible absence
Mon amour, assailli d'une armée d'ennuis,   30
Dans le travail des jours, dans la langueur des nuits,
Si je ne l'eusse armé d'un bouclier de constance.

[1] The comparison is based on the episodes in the *Iliad*.
[2] *Iliad*, Book VII.

XVII

Je sens dedans mon âme une guerre civile,
D'un parti ma raison, mes sens d'autre parti,
Dont le brûlant discord ne peut être amorti,
Tant chacun son tranchant l'un contre l'autre affile.
Mais mes sens sont armés d'un verre si fragile   5
Que si le cœur bientôt ne s'en est départi
Tout l'heur vers ma raison se verra converti,
Comme au parti plus fort, plus juste et plus utile.
Mes sens veulent ployer sous ce pesant fardeau
Des ardeurs que me donne un éloigné flambeau;   10
Au rebours, la raison me renforce au martyre.
Faisons comme dans Rome, à ce peuple mutin
De mes sens inconstants; arrachons-les enfin!
Et que notre raison y plante son Empire.

XX

Les Toscans bataillaient, donnant droit dedans Rome,   15
Les armes à la main, la fureur sur le front,
Quand on vit un Horace[1] avancer sur le pont
Et d'un coup arrêter tant d'hommes par un homme.
Après un long combat, ce brave qu'on renomme,
Vaincu non de valeur mais du grand nombre, rompt   20
De sa main le passage et s'élance d'un bond
Dans le Tibre, se sauve, et sauve tout en somme.
Mon amour n'est pas moindre, et quoiqu'il soit surpris
De la foule d'ennuis qui troublent mes esprits,
Il fait ferme et se bat avec tant de constance   25
Que près des coups il est éloigné du danger;
Et s'il se doit enfin dans les larmes plonger,
Le dernier désespoir sera son espérance.

[1] This is "Horatio at the bridge."

CHANSON

Comment pensez-vous que je vive,
Éloigné de votre beauté?   30
Tout ainsi qu'une âme captive

Au gouffre d'une obscurité,
Qui n'attend tremblante à toute heure
Que le jour qu'il faut qu'elle meure?
  Je ne vois partout que des ombres,
Je trouve même noirs les cieux,   5
Les jours luisants sont des nuits sombres,
Les nuits des Enfers à mes yeux,
Les Enfers mêmes si funèbres
Sont beaux au prix de mes ténèbres.
  Ce monde plein d'inquiétudes   10
Qui flotte tout autour de moi,
Ce ne sont que des solitudes
Toutes pleines de mon émoi,
Mais vides de la douce vie
Que son absence m'a ravie.   15
  Je fonds comme fondrait la cire
Auprès d'un brasier enflammé,
Et plus de vous je me retire
Je sens plus mon feu ranimé,
Mais ce feu tant plus il s'augmente,   20
Hélas! tant plus il me tourmente.
  Je meurs, il est certain, ma belle,
Et ce peu d'âme que je tiens,
Ce n'est que cette humeur fidèle
De laquelle je l'entretiens;   25
Le reste d'elle qui s'envole
Ne me laisse que ma parole.
  La parole, hélas! pour me plaindre
Que mes maux sont bien commencés,
Mais je dois bien encore craindre   30
Qu'ils ne soient pas si tôt passés,
Et que mes frêles destinées
N'ont point leurs bornes terminées.
  Mon Dieu! que cette heure incertaine
A pour moi de malheurs certains,   35
Et que ma belle si lointaine
M'en garde les secours lointains!
Peut-on jamais sentir ne dire
Pareil martyre à mon martyre?
  Ainsi mon âme repoussée,   40
Paisible à l'abri de son port,
Sera désormais balancée
Dans les tempêtes de la mort,

Mais sa nef sera la constance
Et son étoile l'espérance.
   Durant cette triste fortune,
La voix de mes gémissements,
A vos oreilles importune,   5
Y prendra ses soulagements,
Et jusques à ce que je vienne,
Belle, au moins qu'il vous en souvienne.
   Lors me rendant en mille sortes
Tant de plaisirs que j'ai perdus,   10
Tant et tant d'espérances mortes,
Tant de biens en vain attendus,
Trempez au miel de la présence
Les amertumes de l'absence.

CHANSON

   Un bien qu'on désire tant,   15
   Il ennuie à qui l'attend.

   C'est trop, je perds patience
   De me voir tant abusé,
   Et la longue expérience
   Me rendra plus avisé: 20

   Un bien qu'on désire tant,
   Il ennuie à qui l'attend.

   Quoi donc? ce peu de journées
   Prises si mal volontiers,
   Feront-elles des années,   25
   Mais des siècles tous entiers?

   Un bien qu'on désire tant,
   Il ennuie à qui l'attend.

   Je m'étonne bien encore
   En la langueur où je suis   30
   Que le temps qui tout dévore
   Ne dévore mes ennuis:

Un bien qu'on désire tant,
Il ennuie à qui l'attend.

Mais c'est que ma belle flamme
N'a point d'autre qualité
Que la qualité de l'âme   5
Qui court vers l'éternité:

Un bien qu'on désire tant,
Il ennuie à qui l'attend.

J'ai beau flatter de parole
Ce mal sourd comme la mort,   10
La médecine est trop molle
Et le mal beaucoup plus fort:

Un bien qu'on désire tant,
Il ennuie à qui l'attend.

Cette absence si cruelle   15
Me met en étrange point;
Je vis d'avoir vu ma belle,
Je meurs de ne la voir point.

Un bien qu'on désire tant,
Il ennuie à qui l'attend.   20

S'il est vrai ce qu'on raconte,
Soleil, de tes premiers feux
Pour Daphné,¹ je fais mon conte
Que nous savons bien tous deux:

Un bien qu'on désire tant,   25
Il ennuie à qui l'attend.

Hâte donc pour moi la suite
De tes journaliers plaisirs,
Mais prends pour voler plus vite
Les ailes de mes désirs: 30

Un bien qu'on désire tant,
Il ennuie à qui l'attend.

Que si ta course retarde
La fin de mon triste émoi,
Vois ma belle, et prends bien garde
Qu'elle sente comme moi:

Un bien qu'on désire tant,   5
Il ennuie à qui l'attend.

---

¹ Apollo pursued Daphne, who was changed into a laurel tree
before she could be caught.

STANCES

N'est-ce donc pas assez que je sois tout en flamme,
Tout en flamme de vous et pour vous, mon flambeau,
Si pour mieux me fermer la porte de votre âme
Vous ne m'ouvriez encor celle de mon tombeau?   10
Vous n'êtes point contente et j'en ressens les preuves
Pour tant d'entiers témoins de ma fidélité,
Et les rompez plutôt, comme de petits fleuves,
A vos rocs endurcis de l'incrédulité.
Mais que vous restait-il, si vous pour tant de gênes   15
Que vous m'avez donné, ne m'avez point perdu?
Si même pour le mal de vos injustes haines
Mon innocent amour du bien vous a rendu?
Quand vous dardiez sur moi vos flammèches brûlantes,
Je présentais sur moi mon âme à leurs ardeurs,   20
Et tant plus je sentais ces ardeurs violentes,
Tant plus je leur rendais de plus douces odeurs.
J'ai langui tout un temps en ce long sacrifice,
Paisible à vos rigueurs, sur votre saint autel,
Et s'il fut onc martyr de l'amoureux supplice,   25
Ou jamais il n'en fut, ou n'en fut jamais tel.
Ores j'attendais que votre âme apaisée
Prînt enfin le chemin d'une aimable douceur;
La voilà de nouveau remise en sa brisée
Et moi plus égaré du chemin le plus seur.   30
Vous m'échappez encor dans ces tortus dédales
De défis ombrageux et d'inconstants soupçons,
Et si nos passions étaient d'humeurs égales,
Mes feux déjà seraient éteints sous vos glaçons.

Mais quoi! si je ne meurs moi-même, il faut qu'ils vivent
Et que leur sort se trouve avec le mien conjoint;
Que si vos cruautés encore vous poursuivent,
Ils ne peuvent mourir et moi ne mourir point.
    C'est ce que vous cherchez; car m'ôtant la créance   5
Que toute amante doit par droit à son amant,
Vous êtes proprement à mon feu son essence,
Car le feu ne vit point s'il n'a son aliment.
    Hélas! ne m'ôtez point si promptement la vie!
Si les cieux ont encor mon destin retardé,   10
Vous seule de moi seul pouvez être servie
Comme un soleil de l'aigle être bien regardé.

SONNETS DE LA MORT[1]

II

Mais si faut-il mourir! et la vie orgueilleuse,
Qui brave de la mort, sentira ses fureurs;
Les soleils hâleront ces journalières fleurs   15
Et le temps crèvera cette ampoule venteuse.
Ce beau flambeau qui lance une flamme fumeuse
Sur le vert de la cire éteindra ses ardeurs;
L'huile de ce tableau ternira ses couleurs,
Et ses flots se rompront à la rive écumeuse.   20
J'ai vu ces clairs éclairs passer devant mes yeux
Et le tonnerre encor qui gronde dans les cieux.
Ou d'une ou d'autre part éclatera l'orage.
J'ai vu fondre la neige et ces torrents tarir;
Ces lions rugissants, je les ai vus sans rage.   25
Vivez, hommes, vivez; mais si faut-il mourir!

[1] *Sonnets de la Mort.* The sonnets included are found on pp. 234 ff.

IV

Pour qui tant de travaux? pour vous, de qui l'haleine
Pantelle en la poitrine et traîne sa langueur?
Vos desseins sont bien loin du bout de leur vigueur
Et vous êtes bien près du bout de votre peine.   30

Je vous accorde encore une emprise certaine,
Qui de soi court du temps l'incertaine rigueur;
Si perdrez-vous enfin ce fruit et ce labeur.
Le mont est foudroyé plus souvent que la plaine.
Ces sceptres enviés, ces trésors débattus,   5
Champ superbe du camp de vos fières vertus,
Sont de l'avare mort le débat et l'envie.
Mais pourquoi ce souci? mais pourquoi cet effort?
Savez-vous bien que c'est le train de cette vie?
La fuite de la vie, et la course à la mort.   10

V

Hélas! comptez vos jours! Les jours qui sont passés
Sont déjà morts pour vous, ceux qui viennent encore
Mourront tous sur le point de leur naissante aurore,
Et moitié de la vie est moitié du décés.
Ces désirs orgueilleux pêle-mêle entassés,   15
Ce cœur outrecuidé que votre bras implore,
Cet indomptable bras que votre cœur adore,
La mort les met en gêne et leur fait le procés.
Mille flots, mille écueils font tête à votre route;
Vous rompez à travers, mais à la fin sans doute   20
Vous serez le butin des écueils et des flots.
Une heure vous attend, un moment vous épie,
Bourreaux dénaturés de votre propre vie,
Qui vit avec la peine et meurt sans le repos!

VI

Tout le monde se plaint de la cruelle envie   25
Que la nature porte aux longueurs de nos jours.
Hommes, vous vous trompez, ils ne sont pas trop courts
Si vous vous mesurez au pied de votre vie.
Mais quoi? je n'entends point quelqu'un de vous qui die:
«Je me veux dépêtrer de ces fâcheux détours,   30
Il faut que je revole à ces plus beaux séjours
Où séjourne des temps l'entresuite infinie.
Beaux séjours, loin de l'œil, près de l'entendement,
Au prix de qui ce temps ne monte qu'un moment,

Au prix de qui le jour est un ombrage sombre,
Vous êtes mon désir; et ce jour et ce temps
Où le monde s'aveugle et prend son passetemps
Ne me seront jamais qu'un moment et qu'une ombre.»

IX

Qui sont, qui sont ceux-là dont le cœur idolâtre   5
Se jette aux pieds du monde et flatte ses honneurs?
Et qui sont ces valets, et qui sont ces seigneurs?
Et ces âmes d'ébène et ces faces d'albâtre?
Ces masques déguisés, dont la troupe folâtre
S'amuse à caresser je ne sais quels donneurs   10
De fumées de cour, et ces entrepreneurs
De vaincre encor le ciel qu'ils ne peuvent combattre?
Qui sont ces louvoyeurs qui s'éloignent du port?
Hommagers à la vie et félons à la mort,
Dont l'étoile est leur bien, le vent leur fantaisie?   15
Je vogue en même mer, et craindrais de périr
Si ce n'est que je sais que cette même vie
N'est rien que le fanal qui me guide au mourir.

X

Mais si mon faible corps (qui comme l'eau s'écoule
Et s'affermit encor plus longtemps qu'un plus fort)   20
S'avance à tous moments vers le seuil de la mort,
Et que mal dessus mal dans le tombeau me roule,
Pourquoi tiendrai-je roide à ce vent qui saboule
Le sablon de mes jours d'un invincible effort?
Faut-il pas réveiller cette âme qui s'endort,   25
De peur qu'avec le corps la tempête la foule?
Laisse dormir ce corps, mon âme, et quant à toi,
Veille, veille et te tiens alerte à tout effroi;
Garde que ce larron ne te trouve endormie.
Le point de sa venue est pour nous incertain;   30
Mais, mon âme, il suffit que cet Auteur de vie
Nous cache bien son temps, mais non pas son dessein.

XII

Tout s'enfle contre moi, tout m'assaut, tout me tente,
Et le monde et la chair et l'ange révolté,
Dont l'onde, dont l'effort, dont le charme inventé
Et m'abîme, Seigneur, et m'ébranle et m'enchante.
Quelle nef, quel appui, quelle oreille dormante,   5
Sans péril, sans tomber, et sans être enchanté
Me don'ras-tu? Ton temple où vit ta sainteté,
Ton invincible main, et ta voix si constante?
Et quoi? mon Dieu, je sens combattre maintes fois
Encor avec ton temple, et ta main, et ta voix,   10
Cet ange révolté, cette chair, et ce monde.
Mais ton temple pourtant, ta main, ta voix sera
La nef, l'appui, l'oreille où ce charme perdra,
Où mourra cet effort, où se perdra cette onde.

MATHURIN RÉGNIER

As the nephew of Philippe Desportes, Mathurin Régnier had easy access to literary and ecclesiastical circles. He was born at Chartres on December 21, 1573 and was tonsured at the age of nine. In 1593 he joined the suite of Cardinal François de Joyeuse and journeyed to Rome with him in the following year; this was the first of five trips to Rome. There he made many friends in literary, artistic, and political groups. After a sojourn in Toulouse he moved to Paris in 1605; in 1606 he inherited part of the estate of Desportes. During the years 1603-08 he wrote his first twelve satires, published his *Premières œuvres* in 1608 and his *Satires* in 1609. In the same year he obtained a prebend at Chartres and left the service of the Cardinal de Joyeuse. He was court poet to Henri IV and Marie de Médicis and later to Louis XIII. A third edition of his satires was published in 1612 and a posthumous edition shortly after his death at Rouen in 1613.

Régnier's satires derive their inspiration from a dual source, from the Italian tradition represented by Berni and his imitators and from the French lineage of Rabelais and Montaigne. They are satires in the great classical tradition, reminiscent of Horace and prophetic of Boileau. They are perfectly ordered, constantly clear, full of amusing quips and sharp thrusts. The single line or the couplet is frequently epigrammatic in character; the reader will at times be reminded of Pope. In descriptive passages, Régnier has a genius for creating vivid portrayals and humorous scenes. In his work the best tendencies of the Renaissance are summarized and the way is indicated for the classical development of the seventeenth century.

READINGS

Jean Plattard (editor), *Mathurin Régnier : Œuvres complètes*, Paris, Roches, 1930 (contains a brief biography).
Joseph Vianey, *Mathurin Régnier*, Paris, Hachette, 1896.

SATIRE IX

A MONSIEUR RAPIN[1]

Rapin, le favori d'Apollon et des muses,
Pendant qu'en leur métier jour et nuit tu t'amuses
Et que d'un vers nombreux non encore chanté[2]
Tu te fais un chemin à l'immortalité,
Moi, qui n'ai ni l'esprit ni l'haleine assez forte   5
Pour te suivre de près et te servir d'escorte,
Je me contenterai, sans me précipiter,[3]
D'admirer ton labeur, ne pouvant l'imiter,
Et pour me satisfaire au désir qui me reste,
De rendre cet hommage à chacun manifeste.   10
Par ces vers j'en prends acte, afin que l'avenir
De moi par ta vertu[4] se puisse souvenir,
Et que cette mémoire à jamais s'entretienne
Que ma muse imparfaite eut en honneur la tienne,
Et que si j'eus l'esprit d'ignorance abattu   15
Je l'eus au moins si bon que j'aimai ta vertu:
Contraire à ces rêveurs[5] dont la muse insolente,
Censurant les plus vieux,[6] arrogamment se vante
De réformer les vers, non les tiens seulement,
Mais veulent déterrer les Grecs du monument,   20
Les Latins, les Hébreux et toute l'antiquaille,
Et leur dire en leur nez qu'ils n'ont rien fait qui vaille.
Ronsard en son métier n'était qu'un apprentif,
Il avait le cerveau fantastique et rétif;
Desportes n'est pas net, Du Bellay trop facile;   25
Belleau ne parle pas comme on parle à la ville,
Il a des mots hargneux, bouffis et relevés
Qui du peuple aujourd'hui ne sont pas approuvés.
Comment! il nous faut donc, pour faire une œuvre grande
Qui de la calomnie et du temps se défende,   30
Qui trouve quelque place entre les bons auteurs,
Parler comme à Saint-Jean[7] parlent les crocheteurs?
Encore je le veux, pourvu qu'ils puissent faire
Que ce beau savoir entre en l'esprit du vulgaire;
Et quand les crocheteurs seront poètes fameux,   35
Alors sans me fâcher je parlerai comme eux.

Pensent-ils des plus vieux offensant la mémoire
Par le mépris d'autrui s'acquérir de la gloire,
Et pour quelque vieux mot étrange ou de travers
Prouver qu'ils ont raison de censurer leurs vers?
Alors qu'une œuvre brille et d'art et de science,   5
La verve quelquefois s'égaie en la licence.
Il semble en leurs discours hautains et généreux
Que le cheval volant[8] n'ait pissé[9] que pour eux,
Que Phébus[10] à leur ton accorde sa vielle,
Que la mouche du Grec[11] leurs lèvres emmielle,   10
Qu'ils ont seuls ici-bas trouvé la pie au nid[12]
Et que des hauts esprits le leur est le zénith,
Que seuls des grands secrets ils ont la connaissance;
Et disent librement que leur expérience
A raffiné les vers fantastiques d'humeur   15
Ainsi que les Gascons ont fait le point d'honneur;[13]
Qu'eux tous seuls du bien dire ont trouvé la méthode
Et que rien n'est parfait s'il n'est fait à leur mode.
    Cependant leur savoir ne s'étend seulement
Qu'à regratter un mot douteux au jugement,   20
Prendre garde qu'un *qui* ne heurte une diphtongue,[14]
Épier si des vers la rime est brève ou longue,[15]
Ou bien si la voyelle, à l'autre s'unissant,[16]
Ne rend point à l'oreille un vers trop languissant—
Et laissent sur le vert[17] le noble de l'ouvrage.   25
Nul aiguillon divin n'élève leur courage.
Ils rampent bassement, faibles d'inventions,
Et n'osent, peu hardis, tenter les fictions;
Froids à l'imaginer, car s'ils font quelque chose
C'est proser de la rime et rimer de la prose,   30
Que l'art lime et relime et polit de façon
Qu'elle rend à l'oreille un agréable son;
Et voyant qu'un beau feu leur cervelle n'embrase,
Ils attifent leurs mots, enjolivent leur phrase,
Affectent leur discours tout si relevé d'art   35
Et peignent leurs défauts de couleur et de fard.
Aussi je les compare à ces femmes jolies
Qui par les affiquets se rendent embellies,
Qui gentes en habits et sades en façons
Parmi leur point coupé[18] tendent leurs hameçons;   40
Dont l'œil rit mollement avec afféterie
Et de qui le parler n'est rien que flatterie;
De rubans piolés s'agencent proprement

Et toute leur beauté ne gît qu'en l'ornement;
Leur visage reluit de céruse et de peautre;
Propres en leur coiffure, un poil ne passe l'autre—
Où[19] ces divins esprits, hautains et relevés,
Qui des eaux d'Hélicon[20] ont les sens abreuvés,   5
De verve et de fureur leur ouvrage étincelle;
De leurs vers tout divins la grâce est naturelle,
Et sont, comme l'on voit, la parfaite beauté
Qui, contente de soi, laisse la nouveauté
Que l'art trouve au Palais[21] ou dans le blanc d'Espagne.   10
Rien que le naturel sa grâce n'accompagne.
Son front, lavé d'eau claire, éclate d'un beau teint;
De roses et de lys la nature l'a peint
Et, laissant là Mercure[22] et toutes ses malices,
Les nonchalances sont ses plus grands artifices.   15
    Or, Rapin, quant à moi, je n'ai point tant d'esprit.
Je vais le grand chemin que mon oncle[23] m'apprit,
Laissant là ces docteurs que les muses instruisent
En des arts tout nouveaux; et s'ils font, comme ils disent,
De ses fautes un livre aussi gros que le sien,[24]   20
Telles je les croirai quand ils auront du bien
Et que leur belle muse, à mordre si cuisante,
Leur don'ra comme à lui dix mille écus de rente,
De l'honneur, de l'estime, et quand par l'univers
Sur le luth de David on chantera leurs vers;[25]   25
Qu'ils auront joint l'utile avec le délectable[26]
Et qu'ils sauront rimer une aussi bonne table.
    On fait en Italie un conte assez plaisant
Qui vient à mon propos, qu'une fois un paysan,
Homme fort entendu et suffisant de tête   30
Comme on peut aisément juger par sa requête,
S'en vint trouver le pape et le voulut prier
Que les prêtres du temps se pussent marier:
«Afin, ce disait-il, que nous puissions, nous autres,
Leurs femmes caresser ainsi qu'ils font les nôtres.»   35
Ainsi suis-je d'avis comme ce bon lourdaud.
S'ils ont l'esprit si bon et l'intellect si haut,
Le jugement si clair, qu'ils fassent un ouvrage
Riche d'inventions, de sens et de langage,
Que nous puissions draper comme ils font nos écrits   40
Et voir, comme l'on dit, s'ils sont si bien appris.
Qu'ils montrent de leur eau,[27] qu'ils entrent en carrière!
Leur âge défaudra plutôt que la matière:

Nous sommes en un siècle où le prince[28] est si grand
Que tout le monde entier à peine le comprend.[29]
Qu'ils fassent par leurs vers rougir chacun de honte;
Et, comme de valeur notre prince surmonte
Hercule, Énée, Achil, qu'ils ôtent les lauriers   5
Aux vieux, comme le roi l'a fait aux vieux guerriers.
Qu'ils composent une œuvre; on verra si leur livre
Après mille et mille ans sera digne de vivre,
Surmontant par vertu l'envie et le destin
Comme celui d'Homère et du chantre latin.[30]   10
    Mais, Rapin, mon ami, c'est la vieille querelle!
L'homme le plus parfait a manque de cervelle,
Et de ce grand défaut vient l'imbécillité
Qui rend l'homme hautain, insolent, effronté;
Et selon le sujet qu'à l'œil il se propose,   15
Suivant son appétit il juge toute chose.
Aussi selon nos yeux le soleil est luisant.
Moi-même en ce discours qui fais le suffisant,
Je me connais frappé, sans le pouvoir comprendre,
Et de mon ver coquin[31] je ne me puis défendre.   20
Sans juger nous jugeons, étant notre raison
Là-haut dedans la tête où, selon la saison
Qui règne en notre humeur, les brouillards nous
                                               [embrouillent
Et de lièvres cornus[32] le cerveau nous barbouillent.
Philosophes rêveurs. discourez hautement.   25
Sans bouger de la terre allez au firmament.
Faites que tout le ciel branle à votre cadence
Et pesez vos discours même dans sa Balance.[33]
Connaissez les humeurs qu'il verse dessus nous,
Ce qui se fait dessus, ce qui se fait dessous.   30
Portez une lanterne aux cachots de nature.
Sachez qui donne aux fleurs cette aimable peinture,
Quelle main sur la terre en broie la couleur,
Leurs secrètes vertus, leurs degrés de chaleur.
Voyez germer à l'œil les semences du monde.   35
Allez mettre couver les poissons dedans l'onde.
Déchiffrez les secrets de nature et des cieux:
Votre raison vous trompe aussi bien que vos yeux.
    Or, ignorant de tout, de tout je me veux rire,
Faire de mon humeur moi-même une satire,   40
N'estimer rien de vrai qu'au goût il ne soit tel,
Vivre, et comme Chrétien adorer l'Immortel,

Où gît le seul repos, qui chasse l'ignorance.
Ce qu'on voit hors de lui n'est que sotte apparence,
Piperie, artifice; encore, ô cruauté
Des hommes et du temps! notre méchanceté
S'en sert aux passions, et dessous une aumusse   5
L'ambition, l'amour, l'avarice se musse.
L'on se couvre d'un froc pour tromper les jaloux,
Les temples aujourd'hui servent aux rendez-vous;
Derrière les piliers on oit mainte sornette
Et comme dans un bal tout le monde y caquette.   10
On doit rendre, suivant et le temps et le lieu,
Ce qu'on doit à César et ce qu'on doit à Dieu.
Et quant aux appétits de la sottise humaine,
Comme un homme sans goût je les aime sans peine;
Aussi bien rien n'est bon que par affection: 15
Nous jugeons, nous voyons selon la passion.
   Le soldat aujourd'hui ne rêve que la guerre,
En paix le laboureur veut cultiver sa terre,
L'avare n'a plaisir qu'en ses doubles ducats;
L'amant juge sa dame un chef-d'œuvre ici-bas   20
Encore qu'elle n'ait sur soi rien qui soit d'elle,
Que le rouge et le blanc par art la fasse belle,
Qu'elle ente en son palais ses dents tous les matins,
Qu'elle doive sa taille au bois de ses patins,
Que son poil, dès le soir frisé dans la boutique,   25
Comme un casque au matin sur sa tête s'applique,
Qu'elle ait comme un piquier le corselet au dos,
Qu'à grand peine sa peau puisse couvrir ses os,
Et tout ce qui de jour la fait voir si doucette
La nuit comme en dépôt soit dessous la toilette.   30
Son[34] esprit ulcéré juge en sa passion
Que son[35] teint fait la nique à la perfection.
Le soldat tout ainsi pour la guerre soupire.
Jour et nuit il y pense et toujours la désire.
Il ne rêve la nuit que carnage et que sang;   35
La pique dans le poing et l'estoc sur le flanc,
Il pense mettre à chef quelque belle entreprise,
Que, forçant un château, tout est de bonne prise;
Il se plaît aux trésors qu'il cuide ravager
Et que l'honneur lui rie au milieu du danger.   40
L'avare, d'autre part, n'aime que la richesse;
C'est son roi, sa faveur, sa cour et sa maîtresse.
Nul objet ne lui plaît sinon l'or et l'argent,

Et tant plus il en a, plus il est indigent.
Le paysan d'autre soin se sent l'âme embrasée.
Ainsi l'humanité, sottement abusée,
Court à ses appétits, qui l'aveuglent si bien
Qu'encor qu'elle ait des yeux si ne voit-elle rien.   5
Nul choix hors de son goût ne règle son envie,
Mais s'aheurte où sans plus quelque appas la convie.
Selon son appétit le monde se repaît,
Qui fait qu'on trouve bon seulement ce qui plaît.
    O débile raison, où est ores ta bride?   10
Où ce flambeau qui sert aux personnes de guide?
Contre les passions trop faible est ton secours
Et souvent, courtisane, après elle tu cours,
Et, savourant l'appas qui ton âme ensorcelle,
Tu ne vis qu'à son goût et ne vois que par elle.   15
De là vient qu'un chacun, mêmes en son défaut,
Pense avoir de l'esprit autant qu'il lui en faut;
Aussi rien n'est parti si bien par la nature
Que le sens, car chacun en a sa fourniture.
    Mais pour nous, moins hardis à croire à nos raisons,   20
Qui réglons nos esprits par les comparaisons
D'une chose avec l'autre, épluchons de la vie
L'action qui doit être ou blâmée ou suivie,
Qui criblons le discours, au choix se variant,
D'avec la fausseté la vérité triant   25
Tant que l'homme le peut, qui formons nos ouvrages
Aux moules si parfaits de ces grands personnages
Qui depuis deux mille ans ont acquis le crédit
Qu'en vers rien n'est parfait que ce qu'ils en ont dit:
Devons-nous aujourd'hui, pour une erreur nouvelle   30
Que ces clercs dévoyés forment en leur cervelle,
Laisser légèrement la vieille opinion
Et, suivant leur avis, croire à leur passion?
Pour moi, les Huguenots pourraient faire miracles,
Ressusciter les morts, rendre de vrais oracles,   35
Que je ne pourrais pas croire à leur vérité.
En toute opinion je fuis la nouveauté.
Aussi doit-on plutôt imiter nos vieux pères
Que suivre des nouveaux les nouvelles chimères.
De même en l'art divin de la muse doit-on   40
Moins croire à leur esprit qu'à l'esprit de Platon.
Mais, Rapin, à leur goût si les vieux sont profanes,
Si Virgile, le Tasse et Ronsard sont des ânes,

Sans perdre en ces discours le temps que nous perdons,
Allons comme eux aux champs et mangeons des chardons.

NOTE: Basic text for Régnier, ed. J. Plattard, *Œuvres complètes*, Paris, 1930, pp. 72-80. Text of 1609.

[1] Nicolas Rapin, poet and translator, whom Régnier had met at Desportes's.

[2] Rapin was experimenting with quantitative verse in French.

[3] Without killing myself by jumping from a precipice.

[4] Merit, genius.

[5] The satire attacks the poets of the new school, especially Malherbe.

[6] Malherbe had made disparaging remarks about Desportes's poetry.

[7] A market near the Hôtel de Ville. Malherbe was alleged to have said that he wished his verse to be intelligible to these street-porters.

[8] Pegasus.

[9] I.e., caused the fountain of Hippocrene to flow from Helicon.

[10] Phoebus Apollo, god of poetry.

[11] The bees which made honey upon Pindar's mouth.

[12] I.e., discovered something wonderful.

[13] The Gascons, traditionally, had pushed the "point of honor" to the extreme.

[14] Hiatus, condemned by Malherbe.

[15] Rimes involving vowels not of the same quantity.

[16] I.e., two contiguous vowels counting as syllables.

[17] They neglect.

[18] An openwork lace.

[19] Whereas.

[20] The fountain of Hippocrene on Mt. Helicon, source of poetic inspiration.

[21] Where the specialty shops were located.

[22] God of thieves, hence of deceit.

[23] Desportes.

[24] Allusion to Malherbe's commentary on Desportes.

[25] Allusion to Desportes's *Psaumes*, set to music by Coignet in 1607.

[26] Cf. Horace's *utile dulci* in the *Ars poetica*, vs. 343.

[27] Let them show what they are.

[28] Henri IV.

[29] Can contain him.

[30] Vergil.

[31] My whim, my caprice.

[32] I.e., vain fancies.

[33] The constellation of Libra.

[34] His.

[35] Her.

GLOSSARY

The Glossary lists only words which are not given in Mansion's *Shorter French and English Dictionary* (Heath) in the same or in a closely related meaning. For words listed in Mansion, only special meanings are given here. Abbreviations: *adj.*, adjective, *adv.*, adverb (these used only occasionally, when necessary); *m.* and *f.*, masculine and feminine nouns; *vi.* and *vt.*, intransitive and transitive verbs.

aborder *m.* first meeting; à l' — at the outset

accolée *f.* embrace, hug; **accoler** *vt.*

accomparer *vt.* to compare

accourcir *vt.* to shorten

accroissance *f.* growth

acquerre = acquérir *vt.*

acquêté *m.* acquired property, money

adeulé saddened, sorrowful

adextre clever, adroit

adjourner *vt.* summon, as to court

adonc, adoncques *adv.* then; well, then

advenir *adj. invar.* future

adversaire *adj.* opposed, inimical

affecté prejudiced

affiquet *m.* ornament, bauble

affoler *vt.* to harm, damage

âge *m.* span of life

agnelet *m.* lamb, lambkin

ahanner *vi.* to labor, grow breathless

aheurter (s') to attach oneself stubbornly

aimantin magnetic

ainçois, ains but rather

aise *adj.* happy, relaxed

al(l)ouvi famished, hungry as a wolf

alumelle *f.* sword, sword blade

amenuiser *vt.* to diminish, shrink, make smaller

amonester = admonester *vt.* to admonish

amuser *vt.* to occupy, detain, delay; **s'** — to pass time

anatomie *f.* skeleton

antiquaille *f.* the ancients, antiquity

apostume *f.* swelling

appendre *vt.* to hang up

appointer (s') to agree, make up

ardre *vt.* to burn

argolet *m.* an armed and mounted scout

armet *m.* helmet

arondelle *f.*, **arrondeau** *m.* swallow

arrouser = arroser *vt.* to water

asserrer (s') to collect, assemble, huddle together

assommer *vt.* to put to sleep

astré starry

atant *adv.* then

atourner *vt.* to arrange, prepare, embellish

atout *prep.* with

atter(r)er *vt.* to use, wear out, wear away

attraire = attirer *vt.* to attract, draw

aucun, -une *adj.* some

aumusse *f.* amice, a fur-lined cape worn by canons of the church

avecque, -ques = avec

aveine = avoine *f.* oats

avenir = advenir *vi.* to occur, come to pass

avette *f.* bee

bague *f.* bag, baggage; a woman

baller *vi.* to dance

bestial = bétail *m.* cattle, grazing stock

bocager *adj.* woodland, inhabiting the woods

bordel *m.* house of prostitution

bornal *m.* division of a honeycomb

bourdeau *m.* house of prostitution

bourdelier *adj.* frequenting prostitutes

braver *vi.* to swagger, strut, make a display of wealth; to speak disparagingly

bref; en bref shortly, soon

brief, -ieve *adj.* short; *adv.* in short

brisée *f.* path, track, accustomed way

brosser après to try to achieve

çà; en çà before the present

cabale *m., f.* cabala

cargue *f.* attack

carme *m.* verse, poem

cas; grand cas *m.* a surprising, extraordinary thing; **par cas** by chance

catarrheux suffering from or subject to catarrh

caterre = catarrhe *m.* a cold, catarrh

caut prudent, wary

cautèle *f.* deception, ruse

ce, cette *pron.* this one

cédule *f.* promissory note

celui, celle *adj.* that

cependant while

cestui, ceste *adj.* this; *pron.* this one

chacun, -une *adj.* each, every

chanteresse singing, which sings

charogneux feeding on carrion

chenièvre *f.* hemp

chère *f.* cordial reception, pleasure, good cheer

chevecher *vi.* to cry aloud (like the owl)

chevreul = chevreuil *m.* roe-deer, roe-buck

cimois *m.* strap, band (for tying a child in its crib)

circuit *m.* revolution, turning

clair illustrious, noble

clairté = clarté *f.* clearness, brightness, light

clepsydre *f.* clepsydra, water-clock

combien que = bien que

concent *m.* a singing together, harmony

conte; faire conte to talk, jest

contregarder (se) to be on one's guard

contremont upwards, upstream

controuver *vt.* to find

coquardeau *m.* stupid and pretentious fellow

coronnel, -elle *adj.* belonging to the commander or chief

corrompable bribable

corselet *m.* cuirass

cotte-verte, se donner cotte-verte; to roll in the grass

couler *vi.* to slip away, disappear

coulpe *f.* guilt

courage = cœur *m.* heart

couver *vt.* to breed, hatch, cherish; hide, cover

crêpillon *m.* small curl

crocheter *vt.* to steal

croître *vt.* to make grow, increase

crotton *m.* prison

croupe *f.* hillock, hill-top

cuider *vt.* to think, imagine; to be on the point of; *m.* thought, belief

cuve; à fonds de cuve with flat wooden bottoms

dam *m.* harm, disadvantage

davant *adv.* forward

déchasser *vt.* to drive away

déclore *vt.* to unfold, open

déconfort *m.* discomfort, pain

dedans *prep.* within, inside

déduire *vt.* to expound, set in writing, compose

défermer *vt.* to open

défi *m.* suspicion, mistrust

dégoiser (se) to sing, warble

dehors *prep.* outside of, out of

déjoindre *vt.* to disjoin, separate

délivre *adj.* free

démener (se) to be conducted, pursued

demeurer *vi.* to tarry, delay; demeurance *f.* residence, sojourn

demourer = demeurer

départir *vi.* to leave, depart

dépendre *vt.* to spend, expend, waste

dépit, -e spiteful

dépiter *vt.* to scorn, disdain

dequoi because

dessous *prep.* under

dessur = dessus

dessus *prep.* on, upon, against

détester *vt.* to curse

devant *prep.* = avant before; *adv.* = auparavant

deviser *vi.* to speak, discourse

dévotieux *adj.* devoted, devout

dextre *adj.* from the right; unfavorable; adroit

dextrement cleverly, adroitly

diffame *m.* infamy, dishonor

différent *m.* difference

dire *vt.* to sing in verse

discord *m.* strife, discord

discourir *vi.* to travel over, traverse

discours *m.* thoughts, imagination

dissiper *vt.* to scatter, spill; to break

donque, -ques = donc

dont *pron.* as a result of which; because of the fact that; with which, by which

douloir *vi.* to suffer; se — to complain

draper *vt.* to speak ill of, denigrate

dresser *vt.* to direct, guide

droiturier *adj.* straight, straightening

ébanoyer (s') to frolic, gambol

ébattre *vt.* to make gay, enjoyable

ébaudi happy, gay

écaillé *m.* scaled creature, fish

écheller *vt.* to scale, climb

écriture *f.* style of writing

écumer *vt.* to scour, pillage

effeuillir *vi.* to shed leaves

effroyable *m.* one who frightens

éjouir (s') to be happy, rejoice

élancer *vt.* to utter

électre *m.* native gold, containing silver

élourdir *vt.* to make heavy

émayer (s') to be moved, upset

embâmer = embaumer *vt.* to perfume, scent

embesogné occupied, laboring

émerveillable worthy of admiration

emmi among

emmurer *vt.* to wall in, enclose

empêcher (s') to trouble, embarrass oneself

enaigrir (s') to become embittered

encerceler *vt.* to encircle, entwine

encharné incarnate, in human form

enchâsser *vt.* to enshrine, entomb

encombre *m.* evil, trouble, misfortune

encreusser *vt.* to store up, hoard

enflamber *vt.* to incite, kindle

enjonché strewn with flowers

ennui *m.* great sorrow, suffering

enonder *vt.* to wave, put into waves

enrimer (s') = s'enrhumer

ensuivre *vt.* to follow, pursue

entendre *vt.* to understand

entrecoupement *m.* cut, design

entresuite *f.* series, succession

épancher *vt.* to spread, scatter, strew

épandu *adj.* shed

épani full-blown

épigramme *m.* inscription

époinçonner *vt.* to prick, spur, sting

époindre *vt.* to spur, prick, stimulate

éprendre (s') to take fire, kindle, catch hold

errer *vi.* to abound, crawl (?)

erreur *f.* a wandering, voyage, movement

estoc *m.* short sword, rapier, estoc

estomac *m.* entrails, bowels; heart

éternel *m.* eternity

étoffer *vt.* to fill, fill out, fortify

étrange *adj.* distant, foreign; *m.* a foreigner

étranger *vt.* to estrange, exile; **s' —** to remove oneself, go away

étrenner *vt.* to reward, make a gift

euripe *m.* strait with violent current

exerciter *vt.* to exercise, harass

extrême *m.* end

fâché *adj.* troubled, sorrowful

facteur *m.* maker, Creator

failli completed, ended

fallot *m.* fellow, chap

fanir *vi., vt.* to fade, wither

feintise *f.* a feigning, imagining, deception

fendant *m.* a killer, warrior

fenestrer *vt.* to pierce, break through

fiance *f.* faith, confidence

fiction *f.* feigning, duplicity

finablement at last, finally, ultimately

finer *vt.* to pay, finance, "put up"

flageoler *vt.* to play on the flageolet

flair *m.* odor, scent

flairant sweet-smelling, perfumed

fleuronner *vi.* to blossom, flower, flourish

fluctueux wavering, variable, uncertain

force; à force extremely, considerably, much

forcener *vi.* to go mad

fournir *vi.* to suffice

fredon *m.* a song, roulade, instrumental tune

friand *adj.* mocking, sharp

fruition *f.* enjoyment, fruition

gaucher (se) to poke fun

géhenner, gêner *vt.* to torture

gendarme *m.* warrior

géniture *f.* progeny, child

genouil *m.* knee

gent *adj.* pretty, pleasant

gentement courteously

gentil high-born, noble

gourmer (se) to foam; to revolt, resist

gouverner *vt.* to speak to, converse with

gratifier *vt.* to be agreeable to
grief, -ève serious, grave
grison *adj.* graying, gray-haired
grue *f.* crane; *by ext. adj.* stupid
guarir *vt.* to heal, cure; **guarison** *f.* cure
guerdonner *vt.* to reward, recompense
haim *m.* fish-hook
haineux *m.* a hater
harsoir = **hier soir**
héronnier, -ière *adj.* as of a heron
heur *m.* happiness
heure; à l'heure = **alors**
hillot *m.* son, fellow
hochenez *m.* snub, rebuff
hommager *vt.* to do homage, worship
hors *adv.* out, outside
hucher *vt.* to call
icelui (iceux), icelle *adj., pron.* this, that
impétrer *vt.* to grant
impiteux unpitying, pitiless
indéléble indelible
indique *adj.* of India, the Indies
indocte ignorant
ire *f.* anger, rage, ire
itéré repeated
jà *adv.* already, previously; *with neg.* not at all, never
jasard chattering, talkative
jeunir *vi.* to grow young
julep *m.* sedative potion
lambrunche *f.* wild vine
lame *f.* gravestone, tombstone
langoreux = **langoureux**
lentisque *f.* a toothpick of mastic-wood
loi *f.* religion
los *m.* praise, honor, glory
louvoyeur *m.* schemer
lubrique *adj.* uncertain, slippery
maquereau *m.* a pander, go-between

marbrin *adj.* of marble, marble-like
marine *f.* the sea
marinier *m.* sailor
maugré = **malgré**
méchant unfortunate, poor
méchef *m.* misfortune, disaster
méfaire *vi.* to harm
méprison *f.* offence, wrong-doing
mercerie *f.* merchandise
mercier *vt.* to thank
meurdrir, meurtrir *vt.* to kill
mien *adj.* my, of mine
mignard pretty, charming
moleste painful, annoying
monument *m.* tomb
morgant proud, haughty
mortifère carrying death
muer *vi.* to change
musser *vt.* to hide
myrteux of myrtle
naïf natural, true
navrer *vt.* to wound
ne = **ni; ne... ne** = **ni... ni**
nécromance = **nécromancie** *f.*
neptun *m.* the sea
noçage *m.* marriage
noise *f.* noise, sound, quarrelling
nouailleux knotty
nourriture *f.* protégé
nuital nocturnal
objet *m.* a model to be imitated
oblivieux oblivious, forgetful
obscur *m.* darkness, obscurity; *adj.* frowning, displeased
obsèques *f. pl.* funeral offerings
ocieux idle, otiose
œil *m.* glance
offusquer *vt.* to darken, obscure
ombrage *m.* shadow, ghost; **ombrageux** *adj.* shady, providing shade

onc, oncques never
or, ore, ores now, then
ord dirty
ordonner *vt.* to grant, bestow
origine *f.* family, race
ornature *f.* embellishment, decoration
où whereas
oubliance *f.* forgetfulness
outrecuidé presumptuous, overweening
outrepercer *vt.* to run through, pierce
outrer *vt.* to treat with excessive severity
ouvrer *vi.* to operate, function, work
palingénésie *f.* palingenesis, rebirth
pantois breathless, winded
parfection = perfection
parfin *f.* the very end
parquoi therefore
passible passive, sensitive, capable of suffering
patin *m.* high heel
peautre *m.* (a cosmetic)
pécune *f.* money
pennage *m.* feathers, plume
pensement *m.* thought, worry
penser *m.* thought
petit (un) = un peu
pétrarquiser *vt.* to rime in the manner of the imitators of Petrarch
pince *f.* theft
piolé varicolored
piperie *f.* trickery, deception
pipeur *m.* deceiver, trickster
piquier *m.* soldier, pikeman
plaint *m.* complaint, moan
plaisant pleasant, agreeable
pléger *vt.* to guarantee, serve as pledge
pleur *m.* weeping; tear, lamentation
plorer = pleurer

poile *m.* a canopy
poindre *vi.* to prick, annoy; to begin, break
pointure *f.* wound, pricking
police *f.* government, rule
poltronniser *vi.* to play the coward
pommeler *vi.* to become round, as an apple
pompon *m.* a white melon
populaire *m.* the people
portraiture *f.* portrait
poste ; en poste rapidly, post-haste
pourautant que = parce que
pourmener *vt.* to lead; (se) to walk
pourpris *m.* enclosure, dwelling, garden
pourtant therefore
pourtrait = portrait
prée *f.* meadow
préfix predetermined
près *prep.* near
prétendre *vi.* to intend, expect
probosce *f.* proboscis
punais *adj.* stinking
putain *f.* a prostitute
que ? why?
quelquefois some day; perhaps
querelle *f.* complaint, lamentation
quérir *vt.* to seek, ask
qui *conj.* = si l'on; *pron.* one man... another, so-and-so; *interr.* = qu'est-ce qui ?
rabi enraged, rabid
rai *m.* ray
ramé leafy
reau = rehaut *m.* high light, gleam
reboucher *vt.* to blunt, take the edge off
rechange ; à rechange varied, interchangeable
recoi *m.* a place of forced retirement

refait healthy, husky

réfection *f.* food, nourishment

refraîchir = **rafraîchir**

refrisé curly

regratter *vt.* to polish, trick out

république *f.* government

réseul *m.* cloth of mesh or net; netting

resserrer *vt.* to lock up

retirer *vt.* to receive, give refuge

retrait shrunken, shriveled

revue *f.* second meeting

rhinocéront = **rhinocéros** *m.*

rien, riens *f.* a thing, something, anything

rimart *m.* rhymester

rimasser, **rimonner**, **rimoyer** *vt.* to rime

rimer, *vi.* to freeze, frost over; to rime, write verses

rimette *f.* bit of rime

rondeau *m.* a circular band, halo

rouglé = **rouillé** rusty

ruffien *m.* bawd, pander

rustique *m.* farmer, peasant

sablon *m.* sand

sabouler *vt.* to whip, lash

sacre = **sacré** sacred

sade agreeable, comely

safranier *m.* a bankrupt

sagette *f.* arrow, dard

saie *m.* coat

saillir *vi.* to leave, go out, jump

saisi *adj.* possessed

saler *vt.* to "salt away"

se, s' = **si**

secous *past part. of* **secorre** *vt.* to shake, move

séjour *m.* a stopping, cessation; **à —** without interruption, to the end

semblance *f.* image, likeness

sembler *vi.* to resemble

semondre *vt.* to invite

sempervive *f.* sempervive (houseleek)

sentement = **sentiment**

serée = **soirée**

sereine *f.* a siren

séréner *vt.* to calm, make serene

si *conj.* nevertheless, however; *adv.* thus, so

si que so that, in such a way that

sillé sealed

somme = **sommeil**

songeard dreamy, pensive

songer *vi.* to tarry, delay, waste one's time

souef sweetly, softly

souloir, *vi.* to be accustomed

souquenie *f.* a smock

sourgeon *m.* a spring, fountain

sourpelis *m.* surplice

soutraire *vt.* to take away

sus = **sur** *prep.* on, over; *adv.* on high; **remettre sus** elevate

sutil rarefied

sylvain *m.* a woodland spirit

tandis meanwhile, at the same time

targe *f.* a shield

temple *m., f.* temple (*anat.*)

temporiser *vi.* to live, last

test *m.* skull

thusque Tuscan; *by ext.* deceptive, untrustworthy

tien *adj.* your, of yours

toilette *f.* a cloth used to cover toilet articles

tortis twisted

traire *vt.* to draw

travail *m.* travail, suffering

trépigner *vi.* to trample, dance; to toddle, totter (?)

trépillant dancing, tripping

tristeur *f.* sadness

truage *m.* tribute, toll

Tudesque *m.* a German

trop much, a great deal

valoir *vt.* to merit

vanteux boastful, bragging

vêpre *m.*, **vêprée** *f.* evening, twilight

verdelet greenish, light green

verrière *f.* window

vêture *f.* clothing

veuil *m.* will, desire

viande *f.* food, nourishment; delicacy

vilener *vt.* to vilify, run down

voyager *adj.* traveling, who travels